房龙谈心录

Van Loon's Lives

〔美〕亨德里克·威廉·房龙◎著

常绍民◎译

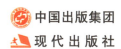

中国出版集团

现代出版社

图书在版编目（ＣＩＰ）数据

房龙谈心录 /（美）房龙著；常绍民译 . —— 北京：现代出版社，2016.3（2023.9 重印）
（房龙真知灼见系列）
ISBN 978-7-5143-4539-1

Ⅰ.①房… Ⅱ.①房… ②常… Ⅲ.①历史人物—生平事迹—世界—青少年读物 Ⅳ.① K811-49

中国版本图书馆 CIP 数据核字 (2016) 第 024306 号

房龙谈心录

著　　者	（美）亨德里克·威廉·房龙
译　　者	常绍民
责任编辑	周显亮　哈曼
出版发行	现代出版社
地　　址	北京市安定门外安华里 504 号
邮政编码	100011
电　　话	010-64267325　010-64245264（传真）
网　　址	www.1980xd.com
电子信箱	xiandai@vip.sina.com
印　　刷	永清县晔盛亚胶印有限公司
开　　本	700mm×1000mm　1／16
印　　张	10
版　　次	2016 年 4 月第 1 版
印　　次	2023 年 9 月第 5 次印刷
书　　号	ISBN 978-7-5143-4539-1
定　　价	58.00 元

　　当然你们从未见过弗里茨叔叔，他在你们出生前很久就离开了人世。很遗憾。你们该会喜欢他的。他是那种会到中心公园边散步边喂鸟和松鼠的老绅士。那些老绅士的口袋里总是装满了各种小动物们喜欢吃的东西。小鸟和松鼠闻到了食物的香味，纷纷落到这些慈善家的肩头，在他们身上爬来爬去，寻找着它们认为属于它们的合法财物。

　　就弗里茨而言，如果他还活着，该是你们的"名誉"叔父。快乐、善良、宽容和理解是他赐予这个世界的礼物。他无论走到哪里都毫不吝啬地向人们施舍这些珍贵的财富，因为他知道（所有的智者在岁月之初便认识到了这一点），真正属于我们的唯一宝藏埋藏在我们朋友的心中。

　　在我出生的国度里，人们仍然在16世纪卡尔文思想冰期的影响下忍受着痛苦，而像他这样的品格受到了超乎想象的欢迎。所以，尽管我们在年龄上有相当大的差距，在米德尔堡老修道院的餐厅里相遇后，我们仅在5分钟之后便成了朋友。我们之间的密切交往仅持续了几年的时光，但那却是我一生中最快乐的一段日子，因为它是在费勒城和那片令人愉快的废墟的不可思议的魔力中度过的（一座真实的城市、一个普通侯爵领地的首府）。该城坐落着几百座老房子，许多花园，保留着无穷的回忆——这个不同寻常的小小伊甸园散发着无穷的魅力，以至于我们几乎觉得没必要再与外界接触。一想到我们可怜的当代人，我们心中便充满了无尽的怜悯，他们命中注定要在诸如伦敦、巴黎、纽约或里约热内卢这样枯燥乏味、缺乏想象力的小村落中度过一生。

　　既然已经断定这就是属于我们的地方（至少在我们的钱用光之前是这样），吉米和我买了一座很舒适的房子。由于该房建于1572年，因此看上去显得过新、十分炫目耀眼，与周围仍然显示着哥特式建筑风格决定性影响的邻里建筑很不协调。不久以后，弗里茨也决心加入这一群真正的智者当中。他是在检验了从塔希提岛到百慕大的所有其他乐土之后才最终得出这一结论的。

　　即费勒城是能够回答"一个文明人在哪儿才有可能以最低限度的不满和最大限度的精神满足来度过自己的一生呢？"这一问题的唯一完全令人满意的答案。

　　我们度过的那段感到极大满足的短暂时光就这样开始了。在那段时间里，弗里茨和我对于我们自己和我们的同胞所了解到的东西可能要比我们曾经亲临（即使思想与精神并不总是与身体同在）听讲的中学、学院和大学教给我们的东西还多。十分碰巧的是（幸运的巧合）弗里茨和我都从不真正严肃地从事任何一种体育锻炼，虽然我们认为对大多数其他人来讲这是一件好事，结果，我和弗里茨过去常常在他那有着高高窗子（在低地国家雾气很大的部分光线是非常重要的）的客厅里一坐就是几个小时，尽情地享受着这种消遣，而这一直让吉米感到迷惑不解，他像其他真正的美国人一样一直奇怪于这样的现象：两个人仅仅坐在那里聊天——除了坐着聊天外无所事事——他们可能从中有意识地获得什么样的乐趣呢？

　　可是那恰恰是我们所想要的一切。我们愿意坐在那里聊天，直到说服上帝出了天堂，魔鬼返回了地狱，我们喜欢在太阳系上做文章并以此为乐，我们把银河当成保龄球道，让参宿四作为保龄球滚动，看看我们一球能击倒黄道十二宫中的几个（我们把黄道十二宫当作球柱）。

我们觉得可以自由地将图书馆人名卡片目录上的每一个名字从抽屉里取出来放置一边以供特别研究；然后（所有好图书管理员的最大罪过），如果我们觉得某个名字并不真正属于那些伟大者或仅次于伟大者的姓名之列，我们很可能会将它撕掉扔进港湾或完全销毁。

现在我想向你们讲述一天上午——在圣诞节休假期间——当我拜访弗里茨、准备与他共饮11点钟咖啡时发生的事情。当时我们坐在他餐厅的窗前，一边望着对面的市政厅钟塔，一边谈论着吉米和我邀请在当晚进餐的客人。弗里茨说："很遗憾我们无法邀请这座老钟塔在某一天也来拜访我们，哪怕与我们一道喝一碗豆汤也好！它已经在那里度过了很长的时间，一定见过许多的事！它应该能够向我们讲述许多我们见到时会觉得有趣的各种人物的有趣故事。"

"听着，亲爱的弗里茨，"我回答说，"为什么你、露西和我们其余的人会在费勒？因为这样的地方不再真正存在了。它只存在于我们的想象中——是'记忆变成了现实'。我们已经厌倦了到处充斥着小机械和实际东西的生活以及白费力气的各种活动，我们开始逐渐讨厌我们所珍爱的现代文明的剩余一切，它们让我们哈欠连天，让我们感到只想喝瓶啤酒。因此我们来到这里，因为既然在费勒一切都不是实际的，那么我们就能够处理事实了。"

"一次绝佳的演说，"弗里茨说，"可是这与我打算邀请钟塔来赴宴，并向我们讲述我们乐意见到的各类人的故事有什么相干呢？"

现在轮到我打断他了。"在我们能够以同等的努力和资金得到最佳者时，为什么偏要去寻求较次者呢？如果我们能邀请一座哥特式钟塔来坐在你的餐桌前，那么要邀请一位在过去5000年中一直在坟墓中沉睡的古巴比伦君主也不会太困难的！"弗里茨表示同意。"你说的有些道理。"

"那么，"我提议，"我们这样做做如何？不会有人阻止我们这样做。"随后我们开始罗列一个我们希望会见的人和现在打算邀请的人的总名单。

这花了我们很长时间。不是因为合适的候选人不够，而是因为请他们参加晚会要有什么样的条件？起初我们非常看重这一点，丝毫不敢造次，把人分成许多类，诸如好人、坏人，对生活持乐观态度的人和持悲观态度的人，喜欢吃煮羊肉的人（我们很高兴地发

古市政厅的钟塔俯瞰着小镇

现，这种人极少）以及讨厌煮羊肉的人。直到后来有一天弗里茨向我说："这样行事恐怕不合适。把人分成确定的类别看上去是件无望的工作。他们都是些善与恶的混合体，很难把他们完全区分开来。我们把所有这些哲学考虑抛开，请那些我们打算会见的人赴宴（而不由于其他原因），看看他们到底是什么样的人，会说些什么，不是一件乐事吗？"

这看上去是一个绝妙的主意。事情就这样定了下来。

下面需要确定的是在一周的哪一天邀请人做客最合适。弗里茨不必太费心地照管生意（那是个人们把办公司的动机付诸实施就可赚钱的幸福的时代），认为他几乎总可以在周五晚上驱车由阿姆斯特丹赶到费勒，或者乘周六上午的邮政列车赶到弗莱辛。这样晚宴就定在周六晚7时，因为我们小村习惯于早睡。此后又遇到了让客人吃什么的问题。稍作考虑，我们以为最好（尽我们所能）向他们提供他们生前习惯的同样的饮食。这将意味着我们要对古代食谱进行大量认真的研究，但亨利·迈耶（他对过去的出版社无所不知）会为我们找到这些早就为人遗忘的著作，同时我们离巴黎和伦敦也不算远，可以从那里搞到所需要的其他东西。

在就餐时是否要放音乐？要放，也不要放。音乐固然会对交谈造成很大障碍，但谨慎使用，且使用得法，在你遇到陌生人时就会打破僵局，使客人的心绪平和，更乐于交谈。弗里茨有一台优质留声机，并且有可供每一场合、每次聚会使用的录音唱片。他告诉我他准备把留声机交给我使用，我们可把它放在楼上某间卧室里，这样声音不致太大，可能会使客人以为我们专门为他们雇用了整个管弦乐团。

我们又遇到了最后的一个问题。"你了解这些人，"弗里茨说，"至少你对他们有一点了解，因为那恰恰是你的工作。但对我来说，我对他们大都只闻其名。那么你为何不专门为我写点东西介绍他们呢？仅仅简要介绍一下他们是谁、做了些什么即可。我不想出丑，当着苏格兰的玛丽的面谈匕首——这可能有失检点，同时征服者威廉可能不想多谈私生子问题。"鉴于弗里茨要照料款待客人的各种实际事务——（或者更正确地说，他要付账单），我感到这种安排是公平的，就允诺他，每个星期三晚上，他就会收到由特别专递寄去的有关将要邀请的下一位客人的情况介绍，即外交人员所说的"短文"——对客人的经历和成就所作的简短介绍，陈述一下其世俗经历中最重要的事实和日期。

但你会问，我们到底如何与这些遗骨散布在地球各处、辞世数百年乃至数千年的人联系上呢？关于这一点，我将会在其他时间告诉你们。这实际上非常简单，但此时应当保密，顺便说，这是一种属于我生活中最幸福的回忆的秘密——对完美的友谊的回忆。

亨德里克·威廉·房龙

1942年5月8日

于美国康涅狄格州旧格林尼治新费勒

目录

房龙谈心录

01 谈心晚会开场：
伊拉斯谟首先赴约

第一位应邀前来的客人是德西德里·伊拉斯谟，他准时赴约，给我们带来了一个极为开心的晚上。

我和弗里茨曾断言我们的计划能够实现，但当发现事情极为简单时，我们都有些不知所措，对望一眼说："哪有这么好的事！"我们把食指与中指交叉成十字架祈求好运，屏住呼吸，决定等着瞧瞧在我们明确卷入进去之前下一次聚会如何进行。

我们曾事无巨细地进行磋商。但在明确自己的意图到底何在，获知自己要做的事微乎其微后，我们没有遇到其他难题，也从未有人要求我们为自己的诺言作出任何形式的担保。我们知晓的只是，在我们这一方，一应行事都将"庄重得体且有条不紊"——因为在讨论之初，我们天性执着于某种半《圣经》式的词汇，一旦遇到仍将是重大奥秘的问题，我们习惯于绞尽脑汁，破解久已为人遗忘的文献。此外，我们最郑重其事地承诺，就我们而言，我们将尽可能地让客人感到舒适，力求让他们感到完全像在自己家里一样。我们曾放言不以任何可能令他们为难的问题打搅任何一位客人，不论我们对其私人生活中某些不为人所知的秘密何等地好奇，同时我们不过于深究他们的某些行动背后隐含的动机，虽然在我们看来这些行动一直不太合情合理。

如果他们自己提出这类问题，那么我们可以稍作探究，但

伊拉斯谟是我们的第一位客人

必须记住，我们未来的同伴大都生活得异常艰辛，倾向于成为具有非常敏感的平衡的神经系统的人。他们在同代人那里受到的折磨，致使他们中的多数人希望在其余生中，过一种离群索居的生活，不再与人类有任何联系，因而，一旦他们谢绝邀请，我们决不可有任何强制之举。

根据分析，许许多多的人会非常热心地应邀前来做客。匆匆一瞥昔日熟悉的场景，会使他们对现有的生存方式更为安之若素。但我们在任何一次谈话中都不得采取主动，应当让他们自己引出他们希望讨论的话题，同时他们应当拥有来去的绝对自由。

其他方面则没有什么限制。我们所要做的只是在一个字条上写下打算请的客人的名字，把这一文件放在守卫费勒旧市政厅礼仪性楼梯的石狮下面。此外，我们必须等着瞧。

说实在的，在伊拉斯谟真正出现、坐在桌首椅子上透过怪里怪气的旧眼镜向我们微笑之前，我们一直确信这不过是一场梦，什么事也不会发生。但我们决心按既定方针行事，不表现出仍在困扰我们的一丝怀疑。我们互相打气说，最糟不过是我们定做了一顿讲究的饭菜，花了一些荷兰盾购买几瓶葡萄酒和几盘不易弄到的唱机唱片；假如第一位客人没有露面，我们将穿过街道，请一位邻居取代他来做客，这样我们可能不致有太大问题。现在要做的事是选谁来做我们的第一位客人。

第一个涌上我们心头的是伊拉斯谟的名字。这种现象的出现是极为自然的。首先，我呱呱坠地的城市正是他的故乡，而外在体质方面的某些相似总是使我不由自主地怀疑，在该中世纪小镇中，他和我必定有着共同的祖先。当然，可怜的伊拉斯谟是私生子，过深地追查他的出身太过鲁莽。我认识到，这一主题困扰了史学家几百年之久，与伊拉斯谟本人面谈一次也不会有太大功效。不过，找到机会安静地研究和比较我们的客人和我自己的双手——丢勒①向我们展现的伊拉斯谟的双手以及冯·布雷为我所拍照片中的双手，其本身仍是件令人真正高兴的事。另外，说服伊拉斯谟到费勒来做客可能不会太难，因为在他生命的一段时期，我们这个小镇曾在他的生活中起了非常大的作用。

伊拉斯谟天性是位爱交际的人。与他自己的意愿非常不合，他被迫就任圣职。这样做是因为他母亲在他们弟兄很小的时候就死于瘟疫，母亲的亲戚和遗嘱执行人首先想到的是自己脱身，免得承担令人不快的责任（这是两位没有特别的有价值财物的私生子），因而他们实际上是提着脖颈把这两位可怜的幼童投进了修道院。这个修道院名叫斯特恩，位于古达城附近。终其一生，伊拉斯谟都不会忘记这一冷酷无情、令人厌恶的地点；我曾在特尔古镇

①丢勒：全名阿尔布莱希特·丢勒，1471年5月21日出生，1528年4月6日去世，是文艺复兴时期德国最重要的画家、版画家、装饰设计家和理论家，具有多方面的才能。他的画作体裁广泛，形式多样，代表作有油画《四圣图》、铜版画《骑士、死神和魔鬼》及为圣哲罗姆、伊拉斯谟等所绘的肖像画等。

度过四年绝对说不上幸福的童年生活，对此深有同感。

但这些苦行誓约一旦发出，就具有决定性的、不可更改的作用，它们使伊拉斯谟这位著名的人文主义者不能与人类中女性那一半建立任何种类的正常友情。有证据表明，这是令他大为光火的一个原因。这不是由于他对床笫之欢感兴趣。但是，意识到自己这样一位善于辞令的人所具有的非凡力量，他乐于置身于他那个时代正常的社交生活之中。不过，不久他就发现，他不得不穿上奥古斯丁修会的修道服使他难以进入欢乐的聚会场所。结果，在其降生之后七十年的生活中，伊拉斯谟很少与我们有时很不理智地称为"较温柔的性别"的女性直接接触。

然而，在美化费勒古老的市政厅正面、至今仍在美化市政厅（除非希特勒先生突发奇想作出改变）正面的雕像中，有一位叫作安娜·冯·博尔塞林的女人。这位夫人楚楚动人，从各方面说都是一位贵妇人。假如她不是爱上邪恶之人并嫁给他（无疑更为糟糕），她本会厕身于历史伟人之林。她配得上她那不幸的同胞的庇护人（只要她仍有支付能力）的称号，后者尽管撰写一封封有说服力的请求性的书信，但从未真正取得可以称为"得到认可的地位"，直至他年事已高，享有如日中天之声名，不再在意这种或那种生活方式之时。

博尔塞林其父沃尔弗德曾是泽兰最富有、势力最大的贵族。他是弗莱辛、费勒的领主，拥有的庄园地产数几乎堪与米德尔堡的男修道院院长们相比肩，后者是整个荷兰南部最大的资本家；但沃尔弗德不善经营。为了与当时确立自己的地位的勃艮第公爵们一争高下，他一掷千金，沉溺于炫耀财富之中。当他辞世时，沃尔弗德留给女儿一个精致的饰有各种必要纹章的盾牌，但决不像她认为的那样富有。

很幸运，她知道自己的处境；不到30岁时她成了寡妇，此时她决定

安娜夫人

明智行事，退隐到她在诺德贝弗兰岛上的地产（位于费勒城对面），这样她就可以一门心思地教育孩子，在其混乱的私人财政中建立少许的秩序。

那时，低地国家远离文明中心。博尔塞林的安娜认识到，假如她想把其长子变成一位名副其实的绅士，得以在勃艮第公爵的宫廷中取得名声，像文艺复兴时期的睿智之士那样光彩照人，她必须让他受到远在北海沿岸各小城愚钝的教师所提供的教育之上的教育。这样她就问了几个问题，了解有无可能延聘一位真正胜任的教师。那时，她的一位好朋友推荐某位叫作赫里特·赫里茨苏恩（在知识界开始以德西德里·伊拉斯谟为人所知）的人，他实际上是鹿特丹本地人，但人们普遍认为他掌握了一种最典雅的拉丁文体，极为博学。

此外，这位年轻的德西德里·伊拉斯谟虽然卑贱，出身不明，但彬彬有礼，负有圣职，因而合适的年长女伴问题不会讨厌地冒头。由于他刚刚获得自由，正在寻求适宜的职位，因而他无疑会乐于接受博尔塞林这样的贵族之家的邀请。

安娜令人发出了延聘信函，并把一应事项（包括工资在内）都安排得极为妥当。这种工资对贫穷的、一直生活拮据的伊拉斯谟而言，看上去必定像一位穷学者的祈祷得到了完美的回报。天哪，就在那时，安娜夫人下决心爱上一位仪表堂堂但一无用处的荷兰年轻贵族，并表现出嫁给他的意愿。

对她的许多亲戚来说，这桩婚事很不受人欢迎。出于某些原因，他们逐渐把她看作永久性的寡妇。盛怒之下，他们雇用了那一律师遍地都是的时代的所有律师，采取措施迫害他们不幸的远亲，没完没了，毫不停顿，以致事态平息后，她和她的继承人差点全都毁灭。但当伊拉斯谟满怀希望地北上，会晤待在考特根城堡的未来的雇主时，这些不幸的发展仍未显露出来。伊拉斯谟幻想这位美貌、慷慨资助文学艺术活动的恩主不仅让他充当她的年幼的儿子的私人导师，而且会倾听他那不过分的建议，即让他拜访一下意大利的大学（当然由她出资）可以使他的服务更有价值，因为到此时他只是从巴黎和剑桥捡拾到零星半点的学问。

就这样，他攀鞍登上安娜·冯·博尔塞林好意送给他的马，在仆人的陪伴下（因为，没有人照顾他，他可能无法旅行），启程前往他的生身之地，寻求新的未来。

不久他就感到失望至极，他呈献给他的女施主的宏伟的拉丁文诗篇——在诗中他把他的安娜与女王狄多①之妹安娜、耶稣的祖母安娜、先知撒母耳之母安娜相比拟——完全是浪费时间、墨水、精力和羊皮纸，因为这位贵妇人看上去根本不知道那些与她同名的名人是何路神仙。与同代多数女性相

①狄多：迦太基的建国者和女王，拉丁史诗中说她坠入艾涅阿斯的情网，因艾涅阿斯与她分手而失望自杀。参见维吉尔的史诗《艾涅阿斯纪》。

比，她读写能力更高一些，但她无意于成为一位女才子。当这位人文主义者告诉她，他打算把他的《阿达吉亚》献给她的次子阿道尔夫时，她仍然冷漠超然，只是问道："什么是阿达吉亚？"

这令伊拉斯谟大为震惊。他把这些《阿达吉亚》视为鸿篇巨制。它们由800条希腊和拉丁谚语组成，这些谚语均是他呕心沥血汇集的，可以充当无害的小钉，可以在上面系上远非无害、极其辛辣对当代事务的观察心得，这些观察使他成为我们现代的专栏作家群落的缔造者。

在他单纯的念头中，或者说作为一位被视为当代最有前途的年轻人文主义者的人，他自负地认为，在这样一部世人翘首以待（就像今人如饥似渴地盼望着让·西贝柳斯的第九交响曲问世那样）的著作的题献页上写她的次子阿道尔夫的名字，安娜·冯·博尔塞林定会感到极其荣幸。但希腊和拉丁谚语超出了安娜的知识范围，因而这种奇怪的关系在两人会面前维持在一种极不肯定、令人极为担心的状态中。会面后伊拉斯谟将发现，他的富有的施主虽在名义上拥有良田千顷，但日常生活只能靠某些较忠实的农民的慷慨大方来维持。

因而，她不可能是伊拉斯谟终生梦寐以求的开明、慷慨的恩主，不可能是他幻想的善良的仙女，不会赠给他安特卫普或巴黎或罗马的某一著名银行的汇票，使他得以全身心投入到文学活动，而不必把大量精力浪费在费时、所得有限的没完没了的撰稿中，以换得衣食之需。

为伊拉斯谟作传的人对这一不幸事件大都没有认真注意。但在弗里茨和我看来，对一位接连遇到失望之事的人而言，这在他的生活中寓意良多。因为，正是在这一倒霉的对诺德贝弗兰的造访期间，伊拉斯谟有了一次冒险经历。对这一经历，我们的一些同代公民熟谙在胸，他们是从其祖父那里听来的，他们的祖父是自他们的曾祖父那里听来的，由此一代一代上溯，直至15

瓦尔赫伦岛和诺德贝弗兰岛之间的大片水域覆盖着一层坚实的冰床，任何船只均无望通行。

世纪末叶。

2月初，伊拉斯谟抵达费勒，由此他将乘船到诺德贝弗兰他的新理想地。这年冬天比往常更为严酷。瓦尔赫伦岛和诺德贝弗兰岛之间的大片水域覆盖着一层坚实的冰床，任何船只均无望通行。这样一来，瓦尔赫伦和其他岛屿间的交通联络不得不长时间的中止。伊拉斯谟抵达费勒之前几天，暴雨如注，相伴而生的是坚冰突然融化，随后，非常出人意料，风向由东转西，寒风大作，冻雨突降，水域和陆地上都覆盖着厚厚的一层滑不唧溜的冰。要想抵达目的地，只有一种办法，那就是徒步而行。

"瞧，"伊拉斯谟在其后不久致函友人威廉·芒乔伊说，"安娜的城堡就在眼前，但坚冰的海洋使我们无法抵达目的地。狂风咆哮不止，另一岛上两个人该日上午试图穿过冰层到我们所在的岛上来，结果不得不无功而返。然而，这意味着怒吼的暴风对我们来说是顺风，在背后驱动着我们前行。因而，我蹲伏在堤坝上，在冰上滑行。我臀部着冰，用一根长棍做舵，借助它定准方向；正如我所料，风在后面相推，把我直送到目的地。这无疑算是一种新式航行。

"上面是对我的旅程——一长串悲惨的冒险经历——所作的如实记述，但随之而至的是同样连续不断的令人愉悦的经历。

"我安然无恙地抵达我的女主人费勒的安娜的家。我该如何向你描述这位最高贵的女人的礼貌、慷慨和仁慈呢？比她更正派、更明智、更有魅力的女人肯定尚未问世过。"诸如此类。

这些奉承性的言论自然是在这位热切的朝圣者对这位贵妇人无力清偿债务，对真正的思想活动不感兴趣的真实面目有了确切了解之前讲出的。然而，伊拉斯谟确实到了费勒，他必定在那儿度过了一段时间，住在某位商人或艺匠的房子里，可能对当时处于建筑最后阶段的市政厅之美怦然心动，所

市政厅的钟用以鸣报告别时间

有这些考虑均使我们感到，伊拉斯谟是应邀参加我们的第一次、因而也是实验性的宴会的理想人选。

我们猜对了。因为位于弗里茨房屋对面的塔楼上的排钟一开始奏出瓦勒利乌斯可爱的老乐曲《感恩颂》的开头几节，我们就听到街上一片喧哗。我们奔到窗前，看到由港口拐角来了一位个子不高、略微有些驼背的老人，他拄着手杖蹒跚而行，但非常肯定地直朝着我们的前门而来。这位怪里怪气的老人身后跟着一位瘦高个儿，他无疑就是伊拉斯谟有名的仆人，也是他永久的助手。我们听到的噪声是十几位男女孩童脚上穿的木屐发出的，他们被这一罕见的景象所吸引，蜂拥而来，看看这一次那位美国人和他来自阿姆斯特丹的朋友会给他们带来一位什么样的怪人。

就在叮当作响的钟奏完成其程式化的乐曲后，这位又矮又黑的人站在了我们家门口。随后他掉转身子，面向市政厅，用一根瘦削的长手指抖动着指向构成这一年代悠久的高贵大厦的骄傲的七尊石像中的一个。我们认识到是怎么一回事了。伊拉斯谟在向他的同伴展示费勒的安娜的像，这个人在他的生活中可能具有很多含意，她让他在隆冬季节发现自己劳而无功，又一次不得不放弃求得一个"可靠的未来"的所有希望。

为了庆祝他的访问，弗里茨找到了1523年汉斯·霍尔拜因绘制的伊拉斯谟肖像画的逼真复制品。这一选择非常恰当，因为伊拉斯谟当即就注意到它并提到这一点，虽然后来他承认他本人更喜欢昆廷·马特西斯在他50岁刚出头时为他画的像。他解释道："他画中的我不像霍尔拜因画中那样年迈，我希望人们有时会记得我也曾青春年少，不是生下来就100岁。"随后他又对霍尔拜因画他的嘴的方式作了批评（在我们看来，这一批评也是有充分理由的）。

我认识到，这是有关他的一个相当微妙的主题。在其早年岁月，伊拉斯谟在绘画艺术方面显示出非凡的才华，但无论作为一位牧师还是杰出的拉丁文和希腊文学者，投身于一个其成员被登记入制作木鞋的匠人行会的行当，注定是不合宜的。这听起来怪异荒诞，但直到伊拉斯谟去世一个多世纪后，低地国家的画家们才获得了足够的社会尊重，最终得以组成一个自己的行会，并以使徒路加的名字命名它。路加是位和蔼的医师，据说他把闲余时间用在了绘圣母马利亚像上。

因此伊拉斯谟丢掉了画笔，但是他对某种艺术自我表现一直怀着与过去一样强烈的兴趣，这从他在信件和手稿各处信手涂画的小玩意儿上可见一

伊拉斯谟肖像画

斑。如果有人不嫌麻烦把他们从原初文献中挑拣出来，可把它们组成一小卷书。这事如果成功，我敢肯定，我们的心理学家在精心研究这些小怪物，这些奇形怪状的无产者和侏儒般的魔鬼后，准能展现出至今从未遭到怀疑的伊拉斯谟生活哲学的某些方面。

但正因为这一原因，我们打算避开有关绘画艺术的一切话题，反过来我们试图想象我们选中的音乐会遇到什么样的反应。我记得伊拉斯谟最幸福快乐的日子，是他与老友托马斯·莫尔爵士待在一起的那些天。顺便说一句，英格兰是他最喜爱的国度。当然，他对那儿的小酒店里潮湿的床铺和各地端给他的粗劣的饭食（除个别私人住家外）抱怨不止。自此至今400年来，谁不这样呢？除上述两个方面外，他对这一令人愉悦的国度钟爱有加，那里的少女们习惯于亲吻经常光顾其父母家的年龄较长的绅士。

　　在清教徒不幸降世之前的那些日子里，虽然统治英格兰的是一位好色的

托马斯·莫尔

疯子，虽然几乎每一个十字路口都有给人造成沉重压力的绞台和吊架，但英格兰确实是一片乐土，那里有着真正的不受扰乱的快乐气氛，生活水平高，具有出人意料的高超思想，这显现在全国各个地区。当然，这意味着那里有大量音乐。音乐大都属于业余性质，因为拥有刻板的判断力的英格兰人对纯粹的精湛技巧从来就没有太大兴趣。

因而我们翻检唱片目录，查找16世纪在英格兰流行过看上去简单的歌曲。我们定了一些唱片，其中有奥兰多·吉本斯的《我的心肝》、约翰·布尔的《国王猎场》、托马斯·莫利的《离开我的窗子》及《一对情侣》，此外还有威廉·伯德的《钟》及其两首经文歌，弗兰西斯·皮尔金顿的《休息、甜美的仙女》。当他进来时我们奏亨利·普塞尔的恰空舞曲，上汤时奏威廉·伯德的帕凡舞曲及活泼轻松的双人舞曲。

他看上去很高兴，也有些迷惑，因为他不知道乐从何出。但我们不久就发现，谈话切合这位老先生的胃口。他喜爱音乐，但当音乐放完后，他未要求再放音乐。还有一项小小的奇事！他十分健谈，自己也深知这一点，看上去像是一位渴望与人进行轻松思想交流的人。确实，由他偶或所作的评注，我们大可以得出结论，一方面他对自己的现有地位非常满意，但偶或发现气氛略微有点凝重或压抑，希望恢复到比最近400年来的生活轻松一点——那么我们可否说略微活跃一点的生活方式。

他看上去渴望了解当今事务，总是在16世纪上半叶的政治和宗教局势与20世纪的情况之间画上等号。正如不久我们就发现的那样，他对自己死后世上发生的事绝非消息灵通。然而总的来说，他的逻辑头脑使他对文学、政治和宗教领域真正具有重要意义的主要脉络有着令人惊奇的了解。但他的知识很不平衡，今天我可以说他使我想到一位逃难的挪威人或荷兰人，他在身处德国专制统治之下数年后最终逃到了美国，随后试图掌握他要么根本前所未闻、要么经过地方书刊审查人员大加删减的消息，或者是由英国或美国短波电台播出的过于简略的消息。

　　然而，这位老先生思想敏锐，反应迅速，犹如羚羊一般；他迈着绝对自信的步伐由一点跳到另一点，涉及数量繁多的区域。当时钟敲响11点后不久（因为他应保持着早睡早起的习惯），他看了看钟，觉察到自己该去休息了，试图用下述并不太有用的话语总括整个晚上的交谈："这些人是一些多么可怜、欺诈性的蠢人！他们没有学习过吗？当然，他们今天做事的速度比我们那时快得多了。他们出生得更快，他们生活得更快，他们吃饭速度更快，他们消失得更快。但他们有些什么收获呢？你告诉我现在他们都识文断字！但他们读些什么东西，他们写些什么呢？他们彼此之间是否比我们更能和平相处？他们是否比我们更彼此相爱？请允许我说得更简单些。他们是否以比我们更合宜、以更宽容的态度彼此相待？当时我们为了某一仅仅属于臆测的观点总在互相杀戮，致使世人中的这一半人把另一半人送上绞刑架和火刑柱——而这是为了什么呢？……很抱歉，直至今日我仍不太明白！"

　　至于我们宴间交谈的详情细节，我因第一次有了这种奇怪的遭遇、心情过于激动而未能记住多少。当然，他离去后弗里茨和我仍就这一奇怪夜晚的奇异冒险讨论了很长很长时间。但在我叙述我们小小的post cenam[为什么不呢？这一表述比人们常用的"事后剖析"（post mortem）一词更令人感到舒适!]之前，我必须向你们简单介绍一下伊拉斯谟的生平，就像我在我们决定让他作为我们历史性宴会的第一位客人时当即写下来供弗里茨个人参考那样。

　　下面就是我的汇报，这一汇报与我在会谈三天前寄到弗里茨位于阿姆斯特丹的办公室中的报告相似。

　　6岁时我第一次接触到德西德里·伊拉斯谟。每天早晨8点半，我们承担各种杂役的老家人海因就板着面孔领我（倒不如说是拖着我）去学堂。因为学堂位于临河一所可怕的房子里，不太引人注意，而鹿特丹街道和码头上却到处都是一派迷人的景象、声音和气息。每天早晨我都恳求、哀求老海因在雕像前停留片刻，直到圣劳伦斯的钟敲响，因为人们曾告诉我，伊拉斯谟一听到报时的声音，就折上左手所持书的一页。每一天早晨老海因在经过这一迷人的地点时都会把我抓得更紧些，拉我走得更快些。他从未解释我在后来才了解的事——即这一故事中有个圈套，因为用铁而不是普通的血肉组成的伊拉斯谟是不可能听到钟响的。

这是我第一次与我的著名同乡有所接触的情形，但是一位曾经或者曾作出了值得在一个非常不醉心于尊崇本国名人的国度里享有一尊塑像的事儿的人——对此我在许多年后才觉察到。我怀疑我的大部分鹿特丹同城人对这一主题的了解会比我多得多。当他们想到伊拉斯谟时，居然模模糊糊地把他与宗教改革联系起来，后者在这些虔诚的人的眼中仍是一个现实存在。同时他们怀疑他与立在其雕像对面的所谓"千种恐惧住宅"有关联。在这一年代久远的建筑物中，在西班牙军队洗劫鹿特丹期间，就在新教徒纷纷遭到杀戮之时，许多男女在此找到了安全的隐身地，因为他们聪明地在门窗上涂抹上一只小观赏山羊的血。结果，菲利普国王的雇佣军注意到了这些血十字，断定房子的主人已经被"收拾"，一命呜呼了，放过了躲在地窖和阁楼里瑟瑟发抖的可怜的人们，这些人在夜幕降临后终于得以逃生。

我记得我总是对那只小山羊深感不安，它不得不献出自己的鲜血，这样别人才可能活下去；我也持有同样的看法，即这位手持图书的铁汉子在我们争取自由的光荣斗争中与这一可怕的事件有关联。可能正是他本人切断了那只不幸的小山羊的喉管，虽然他看上去非常友善，有一个长而迷人的鼻子和一张露出笑纹的嘴，既不持剑、匕首，也不持有其他任何暴力工具。

第二次与我心目中的英雄发生关系是在约6年之后。我不知不觉地沿着这位老先生的足迹前行，在古达小城列举希腊文和拉丁文动词的词形变化

　　在西班牙军队洗劫鹿特丹期间，就在新教徒纷纷遭到杀戮之时，许多男女在此找到了安全的隐身地，因为他们聪明地在门窗上涂抹上一只小观赏山羊的血。

（规则动词和不规则动词都有，但它们都非常使人迷惑和苦不堪言）；至于古达城，读过查尔斯·里德（化名特尔·古乌）撰写的《修院与火炉》一书的人当更为熟悉。

这不是一个令人愉悦的经历。据认为向我们展现了古代世界的神秘和美丽的人们是相当无能的野蛮人。他们想象背会一组语法，就某一模糊不清的句法或语法问题撰写一篇短而无味的论文以获得博士学位，就可胜任自己的工作。但他们对风格或文学魅力完全没有感觉。就他们而言，荷马只不过以种种不规范的词的配列和错误百出的重音演唱壮丽的歌谣来哄荷兰小孩。西塞罗是唯一的达到他们学究式的期望标准的古代作家；这一不能振奋人心的社团律师一直被视为一个典范。我们应当尽心尽力地工作以便自己也能成为他们通常所说的"纯粹的拉丁文学者"。

天知道，早在11岁不成熟的年龄，我就已受到了成为我终生驱动力的那一情感的影响。我无法抑制地对我的同代人产生强烈的兴趣。我执拗地想弄清他们何以会以那样的行为做事，我以为我只要尽力了解清楚古人就能找到破解这一谜团的钥匙。为了这一目的，我试图掌握足以让我读懂古代作家著作的拉丁文和希腊文，但老师一味坚持要我背熟大量的语法，而对我不停地询问掷给我们的那些文献的真正含义大为憎恶；他们教学的目的，不在于让我们了解一些古代世界的真正精神，而只是让我们陷入含混不清的变位不规则的动词中，看看我们是否知道在受到离格困扰的整个希腊文学中只出现过一次的某个单词。

上面谈到的我青年时代不当的教育方面给人造成的这些令人苦恼的痛苦，听起来与伊拉斯谟的那些痛苦如出一辙。阅读他在由一所学校和大学无望地转到另一所学校和大学，试图找到一位真正明智和启人心智的老师期间所撰写的信件，读者可以清楚地看出这一点。唯一的不同在于伊拉斯谟在指斥他的教授和对同代学者持冷淡态度方面比我所曾奢望的更加恶语相加。他称他们是"无知的乡巴佬"、"粗暴的家伙"、"毫无希望的笨蛋"、"低劣的农家小厮"和"缺少教养的笨拙之辈",而我非常肯定,他们确实如此,甚至有过之而无不及。但伊拉斯谟免于蒙受一个我们不得不默默承受的耻辱,因为当我年幼时老师总是正确的,因而提请家长注意此事没有用处。他的老师不抽烟。他们没有一手拿着语法书和记分册,一手拿着三根雪茄烟进入教室。在语法方面他们会问我们问题。在小记分册上他们会谨小慎微地记下我们所有错误的回答,并在幸灾乐祸地看着我们处于无助的窘境时抽那三根雪茄烟。

我在此描绘的我在故国度过的童年岁月的情景并不令人愉快。但这几乎是小德西德里在斯特恩修道院学校上小学时生活方式的完全精确的翻版。一天,我在古达发现,离城不远仍有一个叫斯特恩的农庄。原来的修道院据说正位于此地。除原有墙壁的几段残迹外,建筑已经消失不见。另外,据我掌握的情况,还有一些伊拉斯谟时代的桌椅存留下来,但它们都严重失修,破烂不堪。

我们不知道这位伟大的人文主义者到底出生在哪一年。可能是1464年,但也可能是1465年或1467年。这一方面传至现今的唯一资料是他在自己的一封信中的一段不长的自传。他酷爱戏剧性地描述他不幸的出身,详述他非婚生地位给他后来整个一生所带来的困难艰辛。但他所知道的只是听到的东西,这显然很受限制。

关于他的父亲,我们也仅知个别细节。他的名字显然是罗杰·赫拉德,这样他的私生子就叫作赫里特·赫里特森,或赫拉德,赫拉德之子。当他开始卖文为生时,根据他那一时代的惯例,他不得不把他的名字拉丁化。随后他沉溺于编造在文艺复兴时期有学问者中广为流行的那些文学谜语之一。他把他的荷兰名赫里特(Gerrit)与动词geeren或begeren(意为愿望)联系起来。在拉丁文中,表示"愿望"的是desiderare,在希腊文中是eraomai。

伊拉斯谟沉溺于他惯常的打盹之中

其余的就简单了。他由desiderare和eraomei中提炼出奇怪的组合Desiderare Eramus，在正式场合，他把他呱呱坠地、初见天日的城市名加了进去，最后，在他变得相当出名后，他简单地被称为Erasmus Rotterdamus，或者只带一个t的Roterodamus，虽然鹿特丹得名于带有两个t的鹿特河。

他对自己的出生地和我一样没有多少热爱之情。如果可能的话，他从不回归故里，也从未获得故乡人的任何认可，直至很晚以后，他们突然发现他的世界声誉可以转化成为一项有利可图的资财，可以用来给高贵的游客留下这些坚强的市民一直感受到的对文学和艺术的爱；他们是一群最实利主义的唯万能的银币是求的市民。

根据非常无可辩驳的次要证据，他的父亲曾是某种教士，但我们不知道他是何种教士，而在中世纪后半期，教士的种类不计其数。当时总的来说世俗两界严密地交织在一起，只有一场充分展开的革命（后来以宗教改革之名为人所知）才能把它们分开。

如果他的父亲是位属于修道会的神职人员（时常有人这样认为），那么有某些轻微的不正当的性行为是难以引起公众的注意的，因为，虽然教会严格规定教士过独身生活，但15世纪的许多教士都半正式地姘居。在那样一个时代，一位枢机主教（名字叫亚历山大·博尔吉亚）以四位孩子的父亲著称，却仍当选为教皇；托钵僧修会最初曾做了许多工作以重建较纯粹形式的基督教，但随着时间的流逝逐渐蜕化成与其本意相去甚远的东西。圣方济各及其同辈改革家拥有种种高贵理想，并为此呕心沥血，力图把教会带回到年代较早、形式较简单的时代；他们的理想早就被视为完全不现实，在一个普通平民构成的世界上不可能实现而被摒弃了，这些平民只知道把面包涂上黄油，自己能吃上面包——另加少量肉肴和奶酪——即心满意足。

那些极为看重自己信仰的人反对这种现状，大声疾呼进行改革和净化，这是极为自然的事。假如他们能自主行事，那么教皇将不再是基督教世界最富有的王公，主教们将不得不食干面包而不是靠领地的膏腴过活，乡间牧师将会收敛一些，同时教会的不计其数的食客、律师、监工、商人，甚至有犹太人，所有这些插手修道院农业产品的人，都将失去他逐渐视为自己应得之物的那些轻而易举就可得到的贡纳。

但是所有这些迫切需要的改革直至伊拉斯谟本人已过壮年之后才出现。因而贫穷的古达（这里看来是伊拉斯谟的父亲的出生地）的罗杰·赫拉德的"道德堕落"实际上不是一件大不了的事，例外的只是这一非法结合的结果——德西德里·伊拉斯谟和他的哥哥彼得，对后者，伊拉斯谟似乎有一种非常真挚的感情。两人在可塑性很强的童年时代受到了许多相同的磨难。

我们从未能较为准确地重现伊拉斯谟生平的这一时期。查尔斯·里德梳理勾陈，历尽艰辛，力图解释为何罗杰·赫拉德未能娶他孩子的生母为妻。当然，他是在臆测。所有小说家在这方面都有充分的权利，其职责就是把其主人公置于最有可能的场景中，我将充当最后的一位批评他的人。但在我看来，这一插曲具有类似的作用。

这是一个人们彼此都认识的荷兰小镇。在那一发展得过大的村落中，住着一对彼此爱得很深的恋人，但由于不计其数的原因中的一个，他们不能成婚。这一理由在今人看来如同歌德的《浮士德》中的情节一样牵强，但在格伦迪夫人仍然得到教会完全支持的时代却是一道难以逾越的障碍。随后我们看到，两个尊贵的中产阶级家庭被各自的孩子作出的不名誉之事弄得苦不堪言，他们被人言可畏这一担心完全遮蔽了双眼，很快且完全彻底地忘掉了他们曾略有了解的共同的礼仪和善良。

这样，下一步我们发现，他们秘密地希望把两个不幸的孩子放在邻城古达的某些亲戚那里。在古达，他们至少不在视线范围之内，不再成为他们鹿特丹尊贵的邻人施加白眼的一个原因。就这样，两个男孩去了古达（一整天的行程），在那里被送进学堂，这样他们就可以掌握一定的文法能够进入某个修道院，从而可以轻易地为人忘却，不再成为羞耻、不名誉的一个永久原因。

但起作用的必定有其他影响，必定有某位叔伯舅父或姑姨可怜这两位被抛开的无家可归者，因为我们追查到一些蛛丝马迹，表明有人作出了某些努力，让两位孩子至少受到世界上这一遥远的边鄙之地，这一仍然远离欧洲文明中心的地区当时所能提供的扎实的教育。

在中世纪，人们习惯于说，任一特定社会中真正基督徒美德的高下与它离罗马的距离成正比。怎么可能不是这样呢？在15世纪，教皇制与300年后波茨王室的情形相同。不仅对实际当选的那个人而言，而且对他的所有亲戚朋友和跟随者而言，这都是一种不折不扣的投资。罗马人对此十分清楚且普遍认同，因而暴民抢劫当选为教皇、将登上圣彼得宝座的枢机主教的宫邸得到了认可。为什么要不允许呢？难道永恒之城的每位孩子不知道，新的当务之急是身处要职，通过把酬报丰厚的闲职授予自己的侄子、堂表兄弟，以及在某些臭名昭著的个案中，授给自己的孩子，以补偿自己的损失呢？

在今人，这一切听来都令人难以置信，因为现今梵蒂冈的主人（即便说他现在拥有几座乡间别墅，有自己的邮局和一家无线电台）过着一种与怀俄明州最遥远的村庄中的乡村教士同样节俭的生活。但在正确的大道重修之前的那些年代里，世界非常庞大，教皇职位腐败堕落至极的情况往阿尔卑斯山脉以北传播的速度不比其他消息快。因而北方蒙昧的居民继续虔诚、纯朴地笃信基督教，很久以来就在其较为世故的意大利主子眼中成为笑柄。然而，那一笑话十分谨慎地控制在永恒之城城墙内传播，因为忠诚的北方人实际上相信其救主就诚实、慈善和贫穷主题所说的每一句话，他们是辛勤劳作的商人和艺匠，不仅愿意，而且实际上迫不及待地把其最大财力奉献在供养和维系其位于七丘之城即罗马的亲爱的神父上。纵容他们比开他们的玩笑是明智得多的政策，因为他们可能突然产生怀疑并封紧他们鼓囊囊的皮钱袋，人们甚至时不时地不得不闭上谨慎的双目，把他们如此偏激地宣称基督的言语看得比任何俗人的话都要重要，一旦两者发生冲突，他们打算站在基督而不是其尘世代表一边，置若罔闻。

教会当局之不宰杀下金蛋的鹅的愿望，可能是北方基督徒得以进行许多成功的实验的原因。

在意大利，圣方济各的追随者也信奉共享所有财富的信条。他们将发现，即使在圣方济各在世时，这种信条在基督教大本营也远不能流行开来。同时甚至有被行刑者处死的危险。但在阿尔卑斯山脉之外，却有机会做许多

　　伊拉斯谟和他的哥哥去了古达。在那里，他们被送进学堂，这样他们就可以掌握一定的文法能够进入某个修道院，从而可以轻易地为人忘却，不再成为羞耻、不名誉的一个永久原因。

事情，这些事情如果发生在离权威中心更近些的地方，将会成为一件受到严重关注的事。

　　所有修会都以那些集体主义原则为基础，这在二三世纪在较高贵的罗马人中引起了很大关注。但这些共享财富、共同受苦的实验相对说来是无害的，因为它们囿于隐修地高墙内一小片地域。众所周知，修士就是与世上其他人脱离关系的人：他发誓效忠。他是一位受到修会严格纪律约束的斗士，注定要听从他的顶头上司主教的支配。这一主教反过来又为他辖区内发生的一应事端向他的主管人负责，后者反过来又向教会之首教皇负责。这样一来，那些怪异的、不受欢迎的共同合作和实用基督教实验对既定的世界秩序构不成太大危害；基督教可能逐渐会受到由那些热切的但严重误入歧途的热心分子组成的小团体的挑战，后者把基督的有关富裕的年轻人进入天国的机会微乎其微的故事视为福音真理，认为是他们日常生活的指南。如果他们往前走得更远，拉特兰宫（后来是梵蒂冈）的长臂就会暗中伸到危险地点，那时就会对冒犯的机构的规则作出改变，或者对其指导委员会进行清洗。如果出现紧张状况，少数人会断头，一切都会朝着最有利于有发展前途的世界恢复好转。

　　然而，这些在14世纪最后20年在低地国家建立起来、并将在伊拉斯谟的同代人的生活中发挥极其重大作用的新的共同生活兄弟会，在一个重要方面与普通的修会迥然相异。其成员没有发隐修誓言，因而他们依然保有私人公民身份，就其本身而言不直接受到教会法律的制约。

　　这些奇特的组织是由一位名叫海尔特·赫罗特的人创办的，他在世人中以赫拉德斯·马努斯一名著称。他是代芬特尔城人，该城位于低地国家东部。海尔特·赫罗特曾在巴黎大学学习，参观过阿维尼翁教皇宫，神职前途一片光明，但他突然根本转变信仰。由于我们不知晓的原因，他背离了尘世，在一修道院隐匿了三年；当他再度出现在人们中间时，他已变成了一个彻头彻尾的福音传道者——有史以来世上最受欢迎、最成功的福音传道者之一。

然而，他是一位极为优越型的福音传道者。他有思想和常识，没有任何个人野心。在其隐修时期，他进行了大量艰苦的思考，现在他准备了一份计划，让普通公民过上真正基督徒的生活，但依然是他所劳作、过其日常生活的社会的一员。这不仅是一个崇高的理想，而且实施起来现实可行。赫罗特的直接上司乌特勒支主教十分清楚这一点，他当即宣称这是异端。

那位圣者（从他自己的角度看）是完全正确的。人们普遍对经济状况不满的14世纪后半期难以说是告诉全体人民下述情况的时候，即在最早的基督徒中既无富人也无穷人，当时所有信教者平均分享社团内所能支配的财富，要是信教者倾听海尔特·赫罗特的话，那么这样一种幸福状态就会重新降临这一地球。赫罗特这位受欢迎的布道师在全国各地游历，向所有那些愿意倾听他的话的人宣传和解释他的思想。

在海尔特·赫罗特的终身黑死病都在肆虐。在不到20年的时间里毁灭了

圣方济各布道

亚欧两洲近2/3的人口。它也对中世纪较早时期相当平均的财富分配严重破坏。完全出乎人们的意料，它使少数幸存者非常富裕，而在同时又使劳动力严重缺乏，诚实的田间人手现在面临着供不应求的有利局面，可以要求得到最出奇高的工资（往往每日多至三分），并与劫后余生者一起进行荒诞不经的炫耀"奢华财富"行为，最终竟然在帽子上和鞋子上缀上银铃，这样做只是为显示自己有能力进行这种可悲的浪费现金的举止。

在英国，修道院里同样堆满了不可用于投资的资财，就像我们新近发生的大萧条的前几年银行里充斥着用不出去的金钱一样。在那一虔诚的时代，谁不考虑至少向灵魂保管人赠送一些小礼品以确保自己在将来享受天国之福呢？他们并不知道这一点——那些傲慢的主教对自己及其在现世的地位充满自信——但正是主教地窖中堆积如山的金钱在一个世纪后招致亨利八世对其积聚的财富进行了大肆掠夺，这样他就可以用这些受欢迎的赃物充实自己及其亲信的钱囊。因而，正如善良的乌特勒支主教正确地辩称的那样，现在确实不是一位宣讲"直接的、积极进取的基督教"的预言家出现在众人之中并用就连最愚笨的人也能听懂的简单明了的语言问他们的时候，这会为一个心中有一切念头而单单没有对基督的真心之爱的人所利用。

中世纪的修辞与其音乐非常相像。它对我们不再具有吸引力，因为我们习惯的是更简单明了的东西。但当我们费力地阅读那位勇敢的加尔都西会修士赫罗特的这些布道文，我们仍然感觉到它们必定对那些既不受益于已故亲戚，也非社会稀缺、报酬高昂的"劳工帮"成员的众多人产生的深远的影响力，这些人夹在上两种人之间，因物价出人意料地飞涨而完全被毁灭，一直处在饥饿的边缘，几乎每天都可能失去其不大的农田，被抛到一个不再有自己的任何栖身之地的世界上去。

海尔特·赫罗特去世时坎普腾的托马斯尚是一个孩子，因而他只能从其他人那里了解到这位伟人成功的经历。不过，托马斯像赫罗特一样对尘世的成功完全不感兴趣，他给我们留下了有关那些聚会的详细描述，周围几英里的男子、妇女和孩童前来参加聚会，当其亲爱的布道师本人在某一远处的教堂露面时，他们往往不吃不睡走上多日，以便赶到那里。一旦处在他的魔力之下，正如善良的托马斯所告诉我们的那样，他们就会追随他前往下一个布道点，这样他们就不会丢掉他以如此深刻和慰藉人心的修辞倾注到他们心灵中的一星一点的精神安慰。

自不必说，海尔特·赫罗特谴责的对象——富裕的主教、放高利贷者和当时小餐馆团体的成员（他们手指上戴着环饰，脚趾上有钟状花冠）——对威胁他们自己的舒适和安全的游荡行为有着迥然不同的感受。不久就有流言传到罗马，说在北方某地出现了一位新的、非常危险的异端分子，这个人实际上把宗教与生命混合在一起，不仅应对他进行彻底调查，而且一旦发现他的宣传与教会戒律不一致的思想就予以制止。

这是一个敏感的问题，宗教当局也深知这一点。赫罗特在直接指斥精神上的不当行为时极其巧妙地以教会的信条把自己装裹起来。教会古往今来一直偏爱采取一种合意的貌似有理的"路线"，而非乱糟糟的争吵和与一位得到许多人喜爱的人公开决裂。它不久就找到了一个解决办法，既可把这位人们喜欢的福音传道者由当地弄走，又不引起他是否正统的问题。乌特勒支主教暗地里下了一道命令，禁止所有未经正式授权的教士在其教区范围内布道。海尔待·赫罗特上诉罗马，要求宣布这一法令作废——至少应对他特别开恩。

罗马教廷习惯于处理与永恒性有关的问题，从不急于回复信件。它知道根本不回信就是最有效用的回信。海尔特·赫罗特被允许闲着无事（但不得多言），直到他厌倦了等待，决定造访离佛兰德的滑铁卢村不远的格罗嫩代尔修道院，那里居住着一位叫扬·凡·勒伊斯布鲁克的人。你将发现，这是中世纪时期任何地方都会见到的奇怪人物。

　　勒伊斯布鲁克是一位以佛兰德的虔诚和常识——布道与金钱混合在一起——为基础的完美的神秘论者。并非出生在1293年的任何人都置身于金钱之中，即使是像勒伊斯布鲁克这样活了近90岁的人。但是，尽管这位东方或地中海神秘论者非常易于发展成为一位索然无味的隐士，没日没夜地待在柱子顶部或躲在洞穴中，但他的佛兰德对等人物却把《哥林多前书》中的一段话记在心中，同时即便在自己从世界上退隐时，他从不间断地坚称与他日常生活相关的一应事情都应做得得体、有序。因而，当就连像阿西西的圣方济各这样明智的人物也做出了自我贬低这类令人反感的行为时，低地国家几乎完全没有较令人恶心类的圣徒。来自北方的思想较温和的人对此表示抗拒而不是为它们所吸引，他们从未能克服自己的憎恶心理，认为这是徒劳无益地浪费时间和精力。

　　伊拉斯谟度过了其大部分童年时代的修道院绝非天堂。修士自修道院近邻地区的农民中征募；修道院往往被用来充当那些因体弱、懒惰或愚钝不堪而不能胜任田间劳动的人的避风港。但至少少数礼仪为人遵守；中世纪时代修会的那些残存——佛兰德和荷兰的贝格哈德男修会修士——向我们表明，除偶或一位堕落者外（我模模糊糊地记得斯希丹镇的一位圣女，她以在40多年中不洗或更换衣服著称），不论他们多么彻底地沉溺于神秘推想之中，这些男男女女大都从未忘记他们对据认为按照上帝自己的形象创造的躯体负有某些义务。

　　那些北方神秘论者思想方面的情况也是如此。每当看见伊格纳修·罗耀拉的画像，我都心里打战。他的双目和嘴透出一种残酷气息，对此我感到恐惧的程度几乎与看到阿道夫·希特勒面相中最引人注目的特征的嘲弄性的轻蔑神情时一样。假如我生活在400年之前，我会像现在与元首作斗争一样义无反顾地反对罗耀拉。不要让我解释为何仅仅一张嘴或一双眼睛就令一位像我这样随和、爱好和平的人勃然产生这样一种不合理性的满腔仇恨。或许我无法告诉你缘由。这可能是因为那种构成我作为一名荷兰人出生权一部分的对个人自由压倒一切的情感，这可能是因为它让我在不知不觉中回想起一个国家在我的祖国做下的种种野蛮行为和严刑拷打（天知道它还在多少别的国家犯下了此类罪行），该国看上去要从把钢钉钉进困倦的公牛或狠抽一头站都站不起来、奄奄一息的驴子中获得个人满足。此外，这也可能是因为在我幼年时代，我被那些为了自己的信仰被关押、吊死、杀头、淹死或烧死的男男女女所留给人们的记忆所紧紧围住。

我早就放弃了弄清这一切为何仍对我个人产生直接影响的努力，但现在就是这样，我也不可能改变态度，或者抑制住自己杀死所有拷打孩子或动物的人的冲动。如果不是由于在那天晚上与我的聚谈时我发现伊拉斯谟在这方面持有完全与我相同的观点，我本不会提出这点的。

不管怎样，神圣罗马帝国皇帝查理五世的名字出现了。我们的客人说："很遗憾，他不能留在他的生身之地和真正归属之地。他本质上是位善良的佛兰德人。他

罗马大教堂

31

在低地国家比在其他任何地方都要幸福。他喜欢吃我们的食品，喜欢喝我们的啤酒，喜爱我们的生活方式。他喜欢他的那位年轻秘书，年轻的奥兰治亲王，其程度就像他憎恶他自己的私生子一样。但他不得不离开我们，随其发疯的母亲到了她自己的国家。欧洲最高地区佛兰德太小了，容不下他。他必定要统治整个世界。但多么遗憾啊！这位可怜的人儿在这里要比在其他地方幸福多了。

"我本人与皇帝的关系一直不太密切，但我认识许多与他交往甚密的人。他们告诉我在他前半生中，每当他不得不下达处决令焚死一位异教徒时，他就会染病在身。他这样做仅仅是出于政治上的权宜考虑。但我认为那些支持路德的德意志王公比他好不了多少，虽然他们吊死那些受害者或砍掉他们的头而不是烧死他们。"

再次出现沉默。随后他说："把人活活烧死太可怕了！可怕至极！"

弗里茨略有些局促不安地问："我想你从未见过这种情景？"

伊拉斯谟缓缓抬起头。他在尝完他发现很合他胃口的巧克力后，把包装巧克力的银纸卷成了一个小球。他答道："不，我目睹过，仅仅一次。在巴黎求学时，我禁不住去看。那是一位年轻女子，长得很漂亮，但她的头发满是火光，她在火中尖声嘶叫：我永远也忘不了这一幕。"

他再次停顿了一下，随后说："在与路德决裂后他们指责我是懦夫，说我发疯了，因害怕自己被烧死而与教会讲和。他们也许说对了，因为我永远也忘不了头上着火的女子——头上一团红光——所以我尽我之所能进行必要的改革，但以我自己的方式进行。"

但我在谈论海尔特·赫罗特，不可扯闲话扯得太远。这是海尔特·赫罗特造访他身处格罗恩代尔的罗伊斯布鲁克后的所作所为。这是他所处的社会和人极为典型的做法。他屈辱地服从主教和圣座的命令，回到了故城代芬特尔，在那里创建了一个奇怪的宗教团体，该团体后来以共同生活兄弟会一名为世人所知。

共同生活兄弟会的大本营设在赫罗特的终身好友佛罗伦修·拉代温专门捐赠的房屋中。随后他宣布，所有没有发誓过隐修生活，希望自现世退隐的人，通过移居这一共有房屋并共同生活，都可以过上一种据说是基督死后前400年间基督教社会所采纳的生活方式。《福音书》的前四章是他试图组建这一由真正的基督徒组成的共同体的典范。虽然共同生活兄弟会的成员享有完全的人身自由，只要自己愿意，随时可以离会去按自己从前的生活方式生活，但承诺，身为赫罗特所建组织的成员，他们应服从、慈善、谦恭、否定自我和虔诚，此外他们应抛弃一切为自己谋取私利的念头，并把他在世间的所有物品及其在日后挣得的财物放到一个公共宝库中去。

在一个如此粗俗地崇尚物质的时代，这已足以构成一个惊人的出发点，但兄弟会走得更远，进行了实用民主制实验。他们遴选自己的首领、自己的主事人，这个人不一定非要是神职人员。然而，这并不证明他们想与天主教会脱离关系，因为共同生活兄弟会成员是教会最顺从、效忠的子民，他们谨慎地确保在其每一个家庭中至少应有两位教士和许多地位低微的神职人员。但他们希望在天国志向和尘世需要之间维持谨慎的平衡。因为他们是从各种各样的普通人中招募来的。其中偶或有几个贵族和帮工，但他们更多的来自家道殷实的商人、艺匠和学者阶层，不时有几位贫穷的寻求免费教育的学生。

当他年轻时，伊拉斯谟因同胞的自私自利、怀疑和盲从、偏执而吃了许多苦头；他认为要让其他年轻人免受类似的罪，而实现这一目标的唯一途径是传布一种令人愉悦的福音，即宽容、克制和怜悯。就这样他成为他那时代主要的宣传家和专栏作家，把其40年活跃的岁月献给了这独一无二的目的。

当然，与此同时，他必须谋生。写书仍然是没有报酬的。一般说来，出

旧斯特恩修道院所余的一切

书只会使作者比从前更穷。因而这位不幸的作者靠富裕王公和平民的善意相赠来维持日常生活。确实，伊拉斯谟的生涯在很大程度上可以用路易吉·皮兰德娄风格的题目《寻找十二位恩主的作者》来概括。从今人角度看，这是一种很失体面的谋求两种目的的方式。但伊拉斯谟（在这方面还有他的所有同时代人）却不这样认为。假如就此进行辩论，他们会这样回答：取悦某位具有高超的文化修养的王公或神甫并不比迎合施马茨夫人及其朋友令人怀疑的口味更丢脸，后者"不知艺术为何物，只知自己喜爱什么"。

我倒觉得对这样一种态度有话可谈。确实，我怀疑我们现今的多数作曲家、指挥和小提琴手（假如他对自己完全诚实的话）会承认，一批埃斯特哈齐类的明智而富裕的恩主在这一民主政治居主导地位的时代是一件弥足珍贵的天赋之物。

但所有这些虽然不无有趣，却再一次使我们离题，因而我将在寻找那些在伊拉斯谟最为需要时去世、或者在他定好前往并与他们生活在一起时破产、或者以别的方式令他失望并迫使他再一次把书和书写工具捆在他的光秃秃的骡子上继续去寻找另一位乐善好施的迈西纳斯的恩主的同时，记下伊拉斯谟生平的主线。

伊拉斯谟在斯特恩修道院过得极不愉快，他四处寻找某位想要一个称职的拉丁文秘书的人。那样的一个人在1494年找到了，那年他离开古达前往康布雷（在他看来是科尔特里克），成为该佛兰德南部城市主教的贴身秘书。

但康布雷主教是位极世俗的人，维持着他自己的一个微型宫廷。这里并不是一位寻求和平与宁静的学者的理想之地。因而这位年轻的秘书四处寻找另一份工作，当一位英国朋友向他提供机会到巴黎大学就读时，他欣然接受了。然而，他的资财微不足道，不得不列入一个学院的受救济学生之列。他在那里度过了一段可怕的时间，几乎被饿死，衣服从不足以保暖，同时染上了传染病，这种病使他在其余岁月里都过着悲惨生活。但他学到了自己想学的东西。他改善了自己的拉丁文风，受到了彻底的《圣经》训练。他感到，假如他想让自己在文学领域扬名，整理许多圣书的讹误充斥的文献（圣哲罗姆的《圣经》译本已问世1100多年了），是最好的攻击方式。

然而，为了彻底担负起这一任务，伊拉斯谟首先必须学习希腊文。在此后六年间，他一直忙于寻找一位称职的希腊文教师。

第一流的希腊文导师极为缺乏，寥寥几个有资格获得报酬丰厚的职位的人供不应求。富有的英国各大学能够提供比法国大学和意大利大学更高的薪俸，由于艺术以及学术总是倾向于追逐丰盈的饭食而动，因而伊拉斯谟希望能够在英格兰得到他所寻觅的东西。

伊拉斯谟憎恨海洋，但除漂洋过海外别无他途。所以当一位乐于施惠于人的英格兰恩主出面资助他到牛津就读，他就马上穿越海峡，骑马到了英伦三岛那一名城。

伊拉斯谟曾多次访问英格兰，这是第一次。逗留期间，他逐渐由一位普通学生上升为正教授，因为十来年后，这位前牛津学生应邀在剑桥任教，在那里他完成了他在《圣经·新约》方面划时代的工作。

此时伊拉斯谟向人们表明自己不仅是大学问家，而且是位极其谨慎的人。他的在两个极端中追寻安全道路的明显愿望，他不愿意公开出面反对教皇或路德，现在往往被引为反对他的理由。坚持走中间道路的自由主义者不仅易于遭到那些在豪华宅第中吃大鱼大肉的右翼人士的攻击，而且易于开罪在茅舍中每天吃白菜的左翼人士。他们谴责他为懦夫，指斥他缺少原则。伊拉斯谟答复这些指控说："确实如此，但我想活下去。我打算宣讲理性和相互容忍；当你们不再由于你们中

通往罗马的道路漫长艰辛

任何一方都无法证实正误的理论而互相割断对方的喉管时，你们可能会来听我谈话，我将在那里向你们显示，你们可以彼此幸福相处，而不是永远把你的对手送上绞刑架或轮式绞车。"

"让他们以自己的愚蠢为荣吧，"他大胆宣称，"不要剥夺给予他们最大满足的东西——他们把自己变成蠢物的最高权力。"这是伊拉斯谟唯一一次对教会致使欧洲陷入的无望状态进行直接抨击，教会无力从内部进行自我改革，致使欧洲陷入这种状态的还有同样无法从外部改革它的人。他在其整个余生中致力于自我设定的"一场理性革命"的任务，但他对殉难不感兴趣，因而他限制自己进行正面进攻，尽力腐蚀占领敌人城堡的卫兵；他这种令人赞许的努力取得了显著成功。

他想把自己变成鼓吹宽容的旗手，但由于他出生在一个既无报纸也无杂志的时代，他的宣传鼓动只能是极其原始的。

即便在罗马，看来也没有人怀疑这位长鼻子、眼睛里闪着危险的火花的荷兰人不只是一位碰巧写出优美的拉丁文体、在剔除《圣经》中多种杂质中做了极有价值工作的非常明智的奥古斯丁修会僧侣。因为，当伊拉斯谟最终劝诱一位异乎寻常的慷慨的恩主把他两个儿子托付给他，由他带着参观意大利大学，并带着他们去了圣城罗马时，他在那里获得了很大荣誉；如果他愿意接受这种荣誉的话，他本可以光临教皇宫邸。这位恩主叫巴蒂斯塔·伯耶里奥，是国王亨利八世的御医。伊拉斯谟非常聪明，他宁愿自由自在，代之以去梵蒂冈，他去了威尼斯，在那里将发现著名画家阿尔杜斯·马努修斯[①]在其新印刷厂中在做什么，那位当代最伟大的出版商是否可能乐于接受他为他的作者之一。

①阿尔杜斯·马努修斯（1450—1551），意大利印刷、出版业名流，曾创办阿尔定印刷所，刊印希腊和罗马古籍，如但丁的《神曲》及荷马、柏拉图等人的著作。

伊拉斯谟的思绪飞回到他童年时的场景

具有学识的马努修斯初出道时本极有希望成为一名著名作家，但发现同类学者在研读中受到可信、廉价文献缺乏的极大障碍，便转而充当出版印刷家，此时正出版那些以其严格校对和精美的设计享有很高声誉的图书。他非常愿意在其"书单"（用我们现在的说法）上加上伊拉斯谟的名字，并当即着手出版这位荷兰人的《阿达吉亚》，这是一部著名的希腊谚语集，另有许多有学识的阐释，在脚注中隐含着许多短小的佳言隽语。

这一威尼斯插曲很令人兴奋。艰苦劳作对伊拉斯谟算不了什么，因为他在构思撰写短语或向他人谈起他下一步的打算时感到的只是愉快。他没有任何需要直接操心的事。他的出版人照料他的日常所需，市政官们也不过问他，认为这样一位世界最著名的政论者和评论家逗留他们的城市，是向世人表明该城热爱学问的卓有成效的手段。当重写、重铸《阿达吉亚》工作就要宣告结束时，伊拉斯谟再次交了好运。一位新的、这一次是一位非常富裕的年轻恩主请求允许他把自己置于伊拉斯谟的照料之下。年轻人名叫亚历山大·斯图特，与他老师一样也是私生子。但作为一位苏格兰国王——詹姆士四世唯一的非婚生子，和作为一位卑贱的荷兰教士与其同样卑微的女仆结合的多余的产物，也有着天壤之别。年轻的斯图特手头零花钱充足。此时他与其卓有才智的导师结伴而行，一起访问了锡耶纳大学，并从那里前往罗马。

在都城罗马，伊拉斯谟见到了老友芒乔伊的一封信，请他回到英格兰去。踌躇再三，他接受了邀请。罗马提供给他一种比英格兰获利得多的生活，但所能给予的个人自由要少。伊拉斯谟证明自己声称的热爱自由不只是一句空话。他送别他的学生回苏格兰，随他走了一段舒适的行程，最终在剑桥落下脚来。

爱好和平的伊拉斯谟是另一种类型的人。他被他周围发生的种种可怕的事情吓坏了。打算把他的晚年时光致力于一个至高无上的目标，即让他的同胞了解，单单理性学说就能免于遭受他们以惊人的速度狂奔而去的道德伦理和肉体自杀。就像一场雪崩，他的著作开始由弗罗根印刷厂倾泻而出。他尝试了各种各样的文学体裁，他与他那时代所有最重要的人物进行不间断的书信联系。与他们讨论天堂与地狱间的一切问题，但讨论最多的是使世界免于再次爆发宗教暴力的共同努力。

人性的自由和尊严对伊拉斯谟来说比所有宗教辩论都要具有意义，这些辩论，不论是由路德的追随者还是由另一方所提出，都只有一个目的——使精神继续遭受奴役。他明确地预言，新教事业的胜利不过是以一本书的统治取代一个人——也就是说教皇的统治。在此情况下，他感到人更为可取。人至少可以与人进行辩论，但无法与书进行辩论。因而，既然实际上一无所获，而且可能失去许多，为何要由一种体制转换成另一种呢？为什么不尝试改革人及他们代表的体制，而是为20位小人物的出现铺平道路，这些小人物对真理各持己见，并在一个德意志小公国的规模上，各自试图去做教皇在整个文明世界规模上未能做到的事呢？

伊拉斯谟未能理解的是：一旦一位普通人像一匹出力过多的马那样不服管束，他就不能再听人讲理，而会径直前行，直到自己精疲力竭，或者因来自外界暴力的压制才停下来。将来某一天，当我们对人类思想的内在运动有着比现今更多的了解时，我们可以学会应对局势，那时我们可能可以避免整个国家成为杀人狂，但这只能在我们以职业心理学家取代职业政客后才能实现。后者知道自己的利益所在，善于为自己谋划，完全不适于从事其他任何工作。这些小政客将誓死尝试避免这种改变。他们甚至将谴责对这一问题进行严肃的科学调查为意在颠覆"现存秩序"的危险的革命努力。由于就这一方面而言16世纪上半叶非常类似于20世纪上半叶，伊拉斯谟在去世之前必定已认识到，虽然他为我们指明了应当遵循的道路，但存在着种种旨在阻止人们这样行事的强大力量。他的晚年不会非常幸福，在各个方面都出现了不安定。争吵和战斗出现了，只是由于一种妥协制度大战才免于爆发，但妥协不会令任何人满意，只是增加了普遍的猜疑和不信任感。不久就会爆发一个事件，因为一无例外，当所有人都进行武装时，大炮易于走火，第一声炮响就会导致万炮齐发，随后几乎不可避免地要出现大屠杀。伊拉斯谟在那一时刻尚未到来就辞世而去，但去世时已经有了许多冲突、斗争，他这位最爱好和平的人，必定心满意足地在这时了却一生，最后一次向这一世界道"再见"。

伊拉斯谟有一个安慰。在他的晚年，他至少获得了他在年轻时急切地寻求的经济安全。教皇保罗三世曾立他为他求过学的代芬特尔城一教区的名誉教长。这位写着一手优美的意大利文的教皇陛下（难道他不是著名的历史悠久的法内斯家族的一员吗？），希望通过其外交手腕而非暴力拯救教会，现在诉之于那些依然效忠于其古老的母亲、其文学努力可以劝说游荡的子民回到笼子中去的所有知识分子。这位曾雇用米开朗琪罗绘制壁画装饰西斯廷教堂，资助并保护伊格纳修·罗耀拉及其新建的耶稣会的教皇，现在试图赢得伊拉斯谟的好感，办法是作为一份不折不扣的礼品赠给他3000杜卡托，这些钱是一位想出任枢机主教的人必须交纳的。

伊拉斯谟一如既往地对这些动议深表感激，但一一婉拒了。他必须保持自由。在1535—1536年冬天，他一直待在他的出版商的房子里。此后不久，他无力下床，1536年7月12日夜，他平静地闭上了双眼，长眠不醒。

就在他去世之前，他的思绪飞回到他童年时的场景。这位从未用他在母亲膝下学语时所学的语言写过一行字的智者，突然想起年轻时熟悉的乡音。就在他呼吸停止之前，人们见他面露笑容，这样说道："上帝乐意。"下一次他站在他"亲爱的上帝"前，叙述他为服侍他那么多年的情况。随后他可能发现自己在晚年一而再地抱怨仅仅浪费时间错了，因为他所讲的让人成为自己命运的主人的话没有一句徒劳无益。

我们的第一次晚会极为成功地结束了。

02 音乐世家巴赫和绘画世家勃鲁盖尔

这一次伊拉斯谟给了我们一个惊奇：我们结识了巴赫家族和勃鲁盖尔家族。

巴赫家族和勃鲁盖尔家族运用的是完全不同的表达方式，巴赫家所吸引的是人的双耳，而勃鲁盖尔家则是感动你的双眼。不过，即使他们使用的是完全不同的艺术语言，他们也能彼此完全理解对方！而且，他们是在度假，可以完全放松自己，而不必考虑是否会有赞助人，是否会有人买下他们的奏鸣曲、赋格曲或是他们的圣母像、风景画。现在，他们就是他们自己！

当不是在被迫演出时，他们做了真正的艺术家应该做的事情——他们将这个场合变成了盛大而辉煌的爵士乐即席演奏会。他们沉浸在自己的追求中，以至于一直没有注意到我们的到来。忠于职守的会计为即将举行的啤酒和泡菜大宴做了最充分的准备。显然，大多数村民都希望出席这个宴会，我们这个社区还是相当传统的，我们所拥有的一切从来都与邻居们共同分享。10桶啤酒的事（不等宴会结束，我们就已无法搞清究竟喝了几桶）早已传开来，摆在桌子上装香肠的大盘子引得孩子们围在桌旁，眼里闪着奇异的光芒。不是因为饿了——而是贪婪，况且白吃，不吃白不吃！

我要跟你们谈谈我们尊贵的客人。他们分两边坐着，巴赫

巴赫像

家在左勃鲁盖尔家在右，巴赫家在演奏一首德国四对男女跳的方形舞曲，勃
鲁盖尔家则在为巴赫家画像。多才多艺的巴赫家族几乎带来了人们所知道的
所有乐器。在场地中间，老约翰·塞巴斯蒂安身穿一件平生最好的黑色呢绒
外套（其适合他的身份如同皇家普鲁士乐队指挥，在他生命的最后几年，他
曾为此头衔而英勇战斗），正照着一本羊皮纸小册子指挥着整个乐队。这本
小册子好像是他为他的第二任妻子安娜·玛格特琳娜收集整理的曲调集。在
他的右方，老威特。一位磨坊主兼长笛演奏家，正叮叮当当弹奏着他自制的
古琴。在他的身后及左右是为数众多的他的儿子、侄子、孙子们和堂兄堂弟

及其他亲戚们。

勃鲁盖尔家，从画像上最容易认出来的三个著名的成员（他们经常藏在他们画像中的某个地方，却被热爱他们艺术的人所熟知），以及两三个他们不太知名的兄弟和堂弟兄正在为眼下可爱的生活场景作画，我猜是巴赫乐队的"肖像"（就像那时所称呼的）。当我小心翼翼地走到他们的背后（因为我知道艺术家对别人窥探他们只完成了一半的作品是多么厌恶），我发现我猜对了。

在我们第一次聚会时，伊拉斯谟就告诉我们，人就是他自己即使改变也改变得很少，他说的真是对极了。老彼特已将整个费勒市场画入他的素描中并且赋予这个场景以与现实感相结合的永恒性，这种永恒性或许会将这幅画变成天使去伯利恒为婴儿耶稣唱小夜曲那幅画的再版。我比任何时候都意识到他为什么被称作"农民"勃鲁盖尔：在他的画中，带着饥饿的眼光盯着堆满食物的桌子的每一位小男孩和女孩都被精确地表现出来了，这种精确的表现或许使他们每个人的画像都可以作为"村民的贪婪"的象征而长留于世。而他的儿子小彼特则将那个小孩画成小顽童——他们随时准备在没人注意时将大量油腻的香肠粗鲁地塞进肚子。简·勃鲁盖尔（老彼特的小儿子）则将注意力集中在市场的自然背景上，他对每一朵花都投入极大的爱心与细致，就连在附近灌木丛中自娱自乐的昆虫也没有被漏掉，而且描绘得如此精确细致，以至于100年后的昆虫学家也能由此绝对科学地确认，在1630年，有哪些种类的害虫使低地国家遭受危害。

勃鲁盖尔家庭的其他人，都以自己的方式尽力感受这个场合的气氛。我激动起来，从口袋里掏出画本，他们注意到有位"兄弟画家"出现，就在长凳上挪出一块地方，并告诉我不要拘束——这是每一位优秀艺术家所奉行的准则，他们相信绝对的平等，但它必须是同等人之间的平等。

1点整，伊拉斯谟由弗里茨叫海因·沃林德从家里为他拿来的椅子里站起来并请大家安静一会儿，"我希望，"他说得很慢，用的是弗莱芒语，以便使巴赫家和勃鲁盖尔家都能听懂，"大家已共享了相聚之乐并愿意接受我们为大家准备的小小招待。我希望在这座美丽古老的费勒城的朋友们意识到，我们这些属于过去年代的人在讲到我们的'技艺理想'时它究竟指的是什么。它指的是由友谊而产生的技艺，而友谊产生这样一种感受，即我们每个人都是艺术和文学这个独立主权的共和国中的居民。我希望大家和我一样为有机会彼此相识而感到高兴。现在请品尝我们为大家准备的非常简单的饭菜。"

显然，伊拉斯谟了解他那个时代人的口味。在这方面，他给我们上了最有价值的一课，弗里茨和我会在旧烹调书里搜寻新奇的菜食来取悦我们的客人，但现在我们发现（这曾使我感到有些怀疑）300年（或3000年）前的普通男女习惯于一种对我们来说几乎是难以忍受的单调伙食。还有，我也开始明白了中世纪和罗马时代大多数奇异的节日宴席——有关内容，我们在教科书里看到不少——就如同在50年前常在纽约看到的类似的过于铺张的宴席，当时，那些口袋里的钱多于智力与味觉的纽约人总

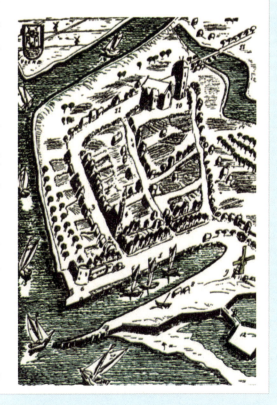

费勒镇

是以摆阔和挥霍来哗众取宠。

那些著名的中世纪的纵酒宴会，通常耗费大量钱财又使主人不得不额外用他们本已负担沉重的房产作抵押，这些宴会的真正的目的并非是用可以相互补充相互抵消的新的和谐调制的配料来取悦客人的口味。实际上，好的烹调的秘诀直到很晚的18世纪后半叶才被发现。在此之前，烹调师所遵循的原则是：贵的东西一定是好的。那个时代的殷实的中产阶级成员们，十分满足地扎进高高堆起的泡菜和香肠中，并将一壶一壶的啤酒倒入食道，这一切向我表明普通饭菜是大多数人的饮食原则。偶尔暴食塞满各种调料的烤孔雀、烤鹅或者那些惊人的充满糖蜜的甜食，一直是宫廷和城堡里的做法。这些诚实的艺人——已变成现在的食客——只要吃伊拉斯谟为他们提供的食物，这使我怀疑我们也许给客人喂得过饱。我把它记在心里，免得下次犯同样的错误。

我们自己从那一天里得到很多收获了吗？又有又没有。有收获是因为这是一件很美妙的事，因为能与一位我尊敬的属于一切时代的最伟大的音乐家相距如此之近，并能面对一位，将来某一天，当我们开始欣赏其真正价值时，将会与伦勃朗、贝拉斯克斯、哥雅、弗美尔等人排在一起的大画家。另一方面，巴赫与勃鲁盖尔家在一起过得如此愉快，就像上个星期六的晚上伊拉斯谟与托马斯·莫尔相聚时一样，我们感到，如果我们太惹人注目肯定会打扰他们之间的和谐。就在那天下午快要结束时，我有机会能进一步了解老塞巴斯蒂安——其他人都这样称呼他。

这个偶然的机遇并不完全是令人高兴的事。来参加聚会的巴赫家的成员中，有一位最小的儿子威廉·弗莱德曼。正如当时大多数人所公认的，他继承了其父亲的大部分天才，不幸的是，在年纪很小的时候，他就偏离了巴赫家族的先辈们用坚实的脚步踏出来的体面而狭窄的小道。直截了当地说，威廉·弗莱德曼成了酒鬼，他漫长一生（他活了74岁）的大部分时间是在小酒

　　那个时代的殷实的中产阶级成员们，十分满足地扎进高高堆起的泡菜和香肠中，并将一壶一壶的啤酒倒入食道，这一切向我表明普通饭菜是大多数人的饮食原则。

馆里游荡。因继承了家族健康的体魄，他能承受多得惊人的酒精，而且这一切从未干扰他写出像他父亲的某些作品一样复杂庄严的教堂大合唱曲、风琴曲和赋格曲。当他足够清醒能灵活地指挥自己的手指时，他从未停止过作为一位击弦古钢琴演奏家所应该做的事情。有时，当他沉醉于酒杯，也就是他才华横溢之时，但其方式却远离了他父辈赋予这个世界的音乐标准。

如果在这样的场合他抓到某种带键盘的乐器，他会因为好奇而激发其他演奏者，他们很快就会忙于演奏一种非常欢快的18世纪的音乐。

但是，上帝保佑这个酒馆，在那儿，他偶然发现了一把低音提琴，观众们将定期听到的是他低音连奏的爵士乐钢琴曲，这些曲子包括他父亲和乔治·弗里德里克·韩德尔先生的一些优秀的清唱剧唱段，它们却被小巴赫曲解为对它们的滑稽模仿。

酒过一轮，约翰·克里斯托弗和菲利普·伊曼纽尔·巴赫来到我的跟前，小声说他们担心在某个地方他们可怜的兄弟会抓到比啤酒稍结实一些的东西，他们还预见我们所举行的招待会很难获得皆大欢喜。既然没什么能阻止弗莱德曼，他一旦有那样的情绪（像他们说的那样）的话，我们是否能说服老先生去散散步并诱使他离开会让他痛苦的场景呢？

弗里茨（他总是在危急关头起带头作用）说："当然，请稍等。"他向约翰·塞巴斯蒂安建议说可否去听听保存在圆形的、黑色的由机器放送的唱片里的他自己的某些音乐作品，"如果你肯赏光到我们府上，你会看到并听到这些唱片。"我们就这样逃离了现场，恰在此时，小弗莱德曼开始用双簧管演奏《耶稣，人类期望之快乐》，我想"老头子"——这是儿子们背后对他们父亲的称呼（他们的声音有时大得出奇，让我偷听到了）——没有注意到这场小骚动的开始。我们知道他有些耳背，我们为他的这种小疾而感到庆幸。待我们到达弗里茨的家时，弗莱德曼已全面行动起来，他已将双簧管换

巴赫家在进行一场欢快的
爵士乐演奏会

成强劲的大管,《耶稣,人类期望之快乐》亦已换成《哦,满是血迹和伤痕的头颅》,作为切换成《兰德尔》的主题,这首曲子并不比紧随其后的《客西马尼的耶稣》更为恰当。

　　弗里茨的家既凉爽又惬意,我们将约翰·塞巴斯蒂安安排在我们最近为伊拉斯谟准备的椅子上(伊拉斯谟将成为我们家的常客,他理应有一把属于自己的椅子)。我们随即打开留声机,放的第一首曲子是"温和的击弦古钢琴"中的第一号,约翰·塞巴斯蒂安默默地听着。像这样的留声机似乎并没有给他留下很深的印象,随着时间的推移,我们遇到越来越多从前的人,可是，我们惊奇地发现，他们对我们引以为自豪的大部分现代发明并没有多少兴趣。他们只是看上一眼，认为理所当然。它们就在那儿，它们使生活变得更简单了，这很好，但是这真的有很大的不同吗？从一个城镇到另一个城镇的旅行是快些还是慢些，或信件是在一天内还是一周内或甚至是一月内到达目的地，真的有如此巨大的重要性吗？假如一个无名之辈想从巴黎到罗马，那么他是24小时后还是20天后到达目的地，对整个宇宙来说真的是很重要吗？

在此，我倒想说些题外话，因为我们会经常遇到过去时代的客人所持的这种态度。当我们尽最大努力让他们看到这些发明多么伟大而深刻地改变了大部分人的生活时，他们极少表现出些许兴趣。现在，大多数人都有机会参观所有著名的城市，而在过去，他们只是在由较幸运的同时代人所写的旅行书上读到有关的介绍。对此，他们有时会回答说："不错"，"这不容置疑"，但同时却清楚地向我们表示而不考虑他们是否能理解它、欣赏它、赞美它，对这种新的理想，他们看不到任何真实的好处。

"你难道偏要那样空泛地传播一切吗？"莫里哀问道。不过，当然，他很擅长讽刺，因此，这是期望从他那儿得到的唯一反应。当我们向彼特·勃鲁盖尔指出，如果他生活在我们这个时代，就可以到巴黎、伦敦、马德里去学习，而且能在两三个月内参观所有这些城市时，他变得十分无礼。

"烦劳你告诉我，"他说，"我在那儿能学到些什么，而在家里不能同样容易和更舒服地学到吗？"他接着补充说："鲁本斯在整个欧洲作画，不是吗？你想让我成为像彼特·保罗·鲁本斯这样的人吗？"对此我们只能回答说，上帝不答应！而且，这也是我们最不愿意看到的事情。

当我们（如我们开始时常做的那样）让客人们注意在每晚固定的时间由阿姆斯特丹到伦敦的飞机飞过费勒时，我们看到了同样的冷漠。他们对飞机

勃鲁盖尔家在聚精会神地作画

的噪声感到有些吃惊，他们不知道声音来自何处，也没有人愿意走上街头在洒满月光的天空中找寻它们。

笛卡儿用这些飞机引发出令人为难的关于"真理后面的真理"的探索，他乐于此道。"你们是想告诉我，"他说，"100年前，当伊拉斯谟从鹿特丹到伦敦，如果幸运的话，整个旅程也要花五天时间，而现在只需花两三个小时！"

"对呀！"我们答道，满怀希望，因为他好像终于明白了"现代文明"对我们意味着什么。

"那么，为什么这些人想在两三个小时内而不是五天到那儿呢？"

"为了省时间。"

"他们到那儿后，用节省下来的时间干什么呢？"

对此，我们找不到合适的回答，心里清楚如此节省下来的时间一般是被浪费在旅程的另一头，这些时间大都消磨在无效的努力上。所以，过了一会

▲ 壁炉

儿，我们开始回避有关现代文明的话题，因为我们自己也开始怀疑那些了不起的发明的价值。直到现在，我们还被教导把它们当作一个时代的拯救性的特征，而这样的时代正不幸缺少先辈时代所常有的魅力、休闲和满足。

不过，当我们探求客人们对所谓"现代文明"居高临下的态度的根底时——就像我们在一个下雨的星期天下午做的那样——我们发现这种态度大多只是装腔作势。实际上，他们非常喜欢与他们的生活方式相适应的发明和创新。比方说，伊拉斯谟一直尽力赞美我们的壁炉和烟囱。"在我那个时候，"他告诉我们，"烟囱还没有发明，我指的是确实能排烟的烟囱。在牛津和剑桥的大厅里，我们在屋子中央生火，而烟一直向上穿过屋顶的一个洞。这很糟糕，在冬天，烟常弄痛我们的眼睛，而火也从来没能使我们保暖。为免冻僵，我们不得不躺到床上去。瑞士人和德国人的处理要好得多，他们用砖炉。而在我自己的国家，烤的是很小的泥炭火，冬天简直是一场噩梦。"

有一位女皇西奥多拉，她对我们的窗玻璃很感兴趣，再没有别的东西能令她如此着迷。她认为小牛拉的车——从君士坦丁堡到阿德里安堡的一种运输工具——与在我们给她的图片上看到的火车同样的好。不过，还是窗玻璃让她着迷。

"在我那个时候，"她解释说，"大小教堂里只装有小块玻璃，整个宫殿都通风得厉害。甚至晚上我们用木制百叶窗紧闭窗户，酒杯里的酒都结冰了。"

伏尔泰对弗里茨的打字机印象最深，"假如我有这么一台新发明的玩意儿，"他边说边敲打着键盘，"我也许会真的写点什么。"

打字机

"请原谅，"弗里茨说，"几天前，在海牙，一位古董商卖给我你的选集，我想它有80卷。"

"聪明人，"伏尔泰鞠躬说道，"不过，用这样的机器，我可以写三倍这么多。"接着补充道："洛佩·德·维加虽只有一支鹅毛笔，但他却为我们写下了2000个剧本，假如他有一台这样的写作机器——我不愿想会发生什么事——所有的图书馆都会装满他的剧本，我们其他人的书就再没有寄身之处了。"

"我想知道，"弗里茨接着说，"你们这些人怎么能写这么多书？"

伏尔泰笑了。"也许，弗里德里希先生，"他说，"我们拥有一样你们没有的东西。"

"是什么？"弗里茨问。

"时间，亲爱的朋友。也许时间比你们发明用来战胜它的一切都更有价值。"

我始终没有弄清楚约翰·塞巴斯蒂安如何看待我们把音乐当作腌菜或草莓来保存的方法，对此，我常感到遗憾。不过，当我们正要向他展示这个"音乐会"的技术时，发生了一件让人意想不到的事情，对此弗里茨和我都没办法保持自己一贯的文雅。

费勒一向被画家所钟爱，然而，最近两三年它在那些想在惬意的环境中度假的音乐家中间也赢得了好名声。今天，哪里有音乐哪里就有靠评论他们的艺术为生的人，而音乐应该是听而不是说的艺术。企图用言语来重新评价莫扎特的弥撒曲，就像试图解释葡萄干布丁或玉米肉饼的味道如何鲜美，或者伦勃朗的《夜巡》的风格如何新奇一样非常荒谬。

那个特别的夏天，一位可爱的老太太来到我们这里，她因就"音乐的理解"所作的通俗讲座而享有盛名或是臭名昭著（这取决于你自己的观点）。不用说，她来自我们敬爱的共和国（用不着解释），我们像躲避瘟疫一样躲避她。这反而使她更渴望见到我们，现在她终于有了机会。弗里茨家里挤满了人，因而她轻而易举地从前门溜了进来，没被任何人注意，她直接走进了厨房。为那个下午而准备的留声机就放在那里。当时是乔·沃林德自愿看管留声机。（费勒并没有电）他得到的印象是，这位陌生人是位常来的客人，

巴赫所有最伟大的作品都是在这样的小管风琴上演奏的

便像往常一样以礼相待，乐于帮忙。当这位客人把自己挑选的唱片放在画盘上时，他没有反对。我们对她的出现一无所知，直到突然听到巴赫的g小调赋格曲——此曲原为风琴而作，现在则由美国最有名的一位指挥家整理成由整个乐队演奏的曲子。这首赋格曲一响起，我们别无选择只好凝神静听，直到最后，随着可怕的锡管乐器的撞击声和十几个低音大号乐器的爆响，曲子终于结束了。

我们注意到约翰·巴赫一直表情严肃又颇有兴趣地听着，当音乐结束时，他说："曲子的确很有意思，这是一首什么曲子？也许是维瓦尔迪的曲子，如果是，他一定是在自己相当年轻还有很多东西要学的时候写的。"

幸运的是，时间已快到7点了，我们也不必对此作进一步的讨论与争辩了。我急忙拿出客人登记簿，请老巴赫惠赠他的亲笔签名。正当他要在他的名字后面准备加上乐队指挥头衔时，时钟敲响了，分手的时候到了。这次，没有蜡烛的闪烁，仍然是白昼，黑暗还没有降临。当我们开始习惯这突如其来的寂静时，客人们已走光了。空了一半的酒杯和还没有吃完的泡菜证明这里曾举行过一次宴会。在屋子的角落里，我们发现了可怜的弗莱德曼的鞋子，看来他在还没有尽兴狂欢之前，就因酩酊大醉而过早地进入了梦乡。

03 文坛巨匠：塞万提斯、莎士比亚和莫里哀

今天，我们将荣幸地请到三位语言大师，他们分别是塞万提斯、莎士比亚和莫里哀。

弗里茨和我对上次聚会非常满意，并向伊拉斯谟表达了我们的感激之情。

"下次该请谁了？"我们问他。

"如果你们不介意我的建议——我确实不想影响你们的选择——但如果你们想换换口味，何不邀请几位世界伟大的作家？你们已经请过政治家、音乐家和画家，为什么不请几位曾经用他们的笔影响过这个世界的作家呢？"

我们向伊拉斯谟表示感谢，并告诉他这个建议肯定会受到热烈欢迎。随后，弗里茨和我把星期天所剩的全部时间用来查找可能的候选人员。最后，我们商定邀请一位小说家、两位剧作家，他们三位都对当时的历史产生过巨大的影响，另外，他们也都将是非常有趣的客人。我把他们的名字抄在了字条上。弗里茨在他回家的路上，把这封不寻常的邀请信放在了那只守卫市政厅入口的狮子下面。

那天晚上，为客人准备晚饭并没有使我们犯难，因为我们的三位客人大约生活在同一个时代，但由于其中有一位法国

人，所以我们决定多多准备一些蔬菜，但并未计划准备小羊肉，吃小羊肉是大多数法国人后来才养成的嗜好。那位西班牙人倒是一个大问题，但他在柏柏尔监狱住了那么多年，肯定会给他什么，他就吃什么——并且会很高兴有这么一次机会。我记得在他最后的其中一封信中，他写到收入已捉襟见肘（虽然他拼命地工作），身体状况亦日趋糟糕。塞万提斯曾经提到他只剩下两颗牙了（而且不能咬合!），几乎无法咀嚼任何东西了，因此柔软而且易嚼的食物对他来讲恐怕是最好不过了。对于莎士比亚来讲，情形也许一样，一排少得可怜的牙齿，或许更喜欢一盆果泥或蔬菜炖肉。

下面就是我们为客人准备的菜肴。首先是一道马赛鱼汤。因为汤里放了很多洋葱，客人们肯定会喜欢。另外，我们肯定会从当地渔民那儿搞到足够的牡蛎、褐虾和小龙虾，做成我们祖辈们经常食用的海鲜大杂烩。或许我们还会放入点橘皮，那位法国人和英国人或许会感到有些奇怪，但对那位饥肠辘辘的西班牙人来说就是美味佳肴了。

我们的主菜是大家都喜欢吃的火鸡。两个星期以前，我们曾经为华盛顿将军也准备过这道菜。另外，由于欧洲地区气候潮湿，所以火鸡是很难得的。我们料想莫里哀先生对块菰会很感兴趣，所以嘱咐乔每只鸡都放入半磅块菰并多放些猪油，另外再放些洋葱也无妨。同时，我们建议她要炖上两个小时，而不是通常的一个小时。

我们还特意为莫里哀先生准备了额外的一道菜，就是我们经常食用的黄油拌刀豆。另外，在塞万提斯的盘子边上还放了一大碗熟透了的油橄榄。

阿月浑子拌苹果所产生的奇异的酸味肯定会使他们感到味道独特。如果莎士比亚无福消受这"独特"的味道，他尽可以多吃些干酪。由于我本人讨厌吃干酪，所以完全忘记了为先前的客人们准备。弗里茨善意地提醒我说，绝少有人与我有类似的偏见。他嘱咐乔一定要保证预备好各式各样的干酪，以备到时食用。

至于咖啡，当然是要准备的。虽然我们的客人降生时，咖啡还没有传入欧洲。但我们发现，他们对咖啡的感觉就犹如鸭子见到了水。当然，喝咖啡无疑会导致他们无法入睡，但我们考虑他们已经沉睡了这么多年，不会介意的。

我们知道莎士比亚喜欢浓啤酒，对其他饮料并无兴趣。塞万提斯将喝到一瓶产于圣卢卡地区的西班牙雪利酒——存放已有一段时日，但并不是多年的陈酿，因为雪利酒并不是越陈越香，而是可能变味。莫里哀则将要喝到一瓶极品的尚贝坦红葡萄酒。我在我叔父的阁楼上碰巧见到这种酒，他酷爱喝巴锡克白葡萄酒，因而愿意用一瓶尚贝坦换瓶巴锡克。

至于餐后用酒，我们计划提供葡萄酒。我们非常幸运地得到了一瓶真正的1851年产的葡萄酒。据塞恩斯伯里教授撰写的《酒窖纪事》记载，1851年是波尔图酿酒历史上最好年份中的一年。

关于音乐，莎士比亚可能会喜欢威廉姆·伯德和约翰·道兰的作品。我们已有很多道兰作品的唱片录音，我们还准备了道兰的情歌和古琵琶作品。莫里哀或许希望听到让·巴蒂斯特·卢利里的作品，以唤起他在宫廷中那段美好的日子。另外，我们还从以下几部歌剧中摘取了几段录音片段，它们分别是：《阿马迪斯·德·戈勒》、《佩尔斯》、《罗兰》和《阿米德》。

最后，我们考虑必须为塞万提斯准备一些音乐，但无从找到任何关于他对何种音乐偏爱的线索。我们抱着试试看的想法，找了几张安东尼诺·德·韦尔松和阿龙索·德·穆达拉的唱片，这仅仅是因为他们的名声大。但塞万提斯看起来更喜欢卢利。

　　我们开始对在客人整个用餐期间不断地为他们播放音乐的做法感到怀疑了，他们对于能够坐在一起吃饭、交谈颇感满意，并在这种相聚中体味到快乐。但在前半个小时，音乐还是颇有作用的，它可以打破僵局并打开交谈的话题。

　　由于下个星期六即将到来的三位客人都是著名的公众性人物，因此没有必要详细叙述他们的生平，我星期二送往阿姆斯特丹的报告也非常简单。

　　威廉·莎士比亚，1564年生于沃里克郡埃文河畔斯特拉特福，准确的出生日期不详，但受洗礼的日子是4月26日。其父亲似乎做过手套工匠，而现在亦有人认为是个屠夫和羊毛商人。不管他以何为生计，当时在他那个社区看来还享有一定的地位，因为他是当时斯特拉特福的议员，并且受到人们的敬重而被选入市政府。我们得到的关于他最重要和最可靠的一份文件是由于他在所住的街区堆积马粪而被处置的一张收据。这可以证明这样一个假设，他最初是一位自耕农，直到他积攒了丰厚的财产后才迁到了城里，并渴望在社会中争得一点地位。

　　我们对莎士比亚的早年岁月了解甚少，只知道他在家排行老三，在当地一所文法学校读过书。他当时或许会生活得更好，但不幸的是，他的父亲面对新的陌生环境毫无发展，逐渐丧失了所有的财产，并且无法胜任任何官职。

　　年轻的莎士比亚不得不自己挣钱养活自己。他的父亲重操屠夫旧业，他便成为父亲的帮手。据广为流传的一种传言说法，他干这一行并不成功。因为莎士比亚有个习惯，就是一边为他父亲杀猪，一边却为使邻居家的孩子们高兴而朗诵诗歌，并且沉湎于高谈阔论，却没有把精力放在手边的活计上。

莎士比亚

在此境遇下，当莎士比亚仅仅能维持生计之时，却匆匆成了婚。这究竟是一场被逼迫的婚姻（许多其同时代的人这样断言），还是真正的两情相悦，将永远无法证实。事实是婚礼举行时，新郎只有18岁，而新娘哈撒韦已经25岁或26岁了。1582年，当他们决定建立圣洁的婚姻时，新娘已经有孕在身了。这似乎证实了当时小城市中一些传言的可信度。因此，当1583年5月他们的第一个孩子出世后，在斯特拉特福城一些人中间便流传着他们的这段绯闻。于是，莎士比亚认为明智的决定就是搬到一个人们对他不太熟识的城市，以便不会再因这件不幸的事件而备受关注。

人们普遍认为莎士比亚当时是位血气方刚的青年，所受的教育也超出了其所处阶层的水平，并显露出了某些"反叛"的倾向，对权势也少了一份外在的尊重，这也许成了促使他决定离开封闭的故乡去寻找机遇的一个因素。但是有关他接下来8年的经历的史料甚少。据传，他先后做过药剂师、染色工、士兵、公共书记员以及印刷工。后来，随着他经常涉足戏剧而声名鹊起。我这样叙述并不是说他一举成名，远非如此。因为在莎士比亚所生活的年代，一位作家远非像现在如此受人爱戴，且其行踪时常引起公众的普遍关注。因此，研究莎士比亚生平的专家虽然经过多年的详尽考证，我们今天对有关莎士比亚职业的大部分问题还是无从得知。莎士比亚同时代的人虽然也承认当时他的存在，但对他的尊重却远不如对稍后的剧作家本·琼森。在他们的眼中，莎士比亚仅是一位演员—经纪人—剧作家式的人物（这种人在当时的伦敦已司空见惯），与当时被当局视为流浪者而走街串巷的滑稽演员相差无几。

的确，如果我们邀请1599年（在这一年，莎士比亚加入环球剧院）伦敦所有著名的人物，并要求他们回答这些人物之中谁最有可能流传3个世纪，莎士比亚的名字肯定会排到最后一位。在莎士比亚即将离开伦敦之时，却因加入国王陛下亲自资助的国王大臣剧团而时来运转。不久，伦敦人便彻底了解了这位身材短小、来自偏僻的乡村、但才华横溢的作家的真正价值。莎士比亚在他37部剧作中所展露出的才华可谓前无古人，后无来者。他把人性的所有特点都掷到了我们的脚下并且说："看吧，我的朋友们，我知道这是多么可怕的事实，但不要因为你们不喜欢而对我恼怒。人类不是按照我的规格创造的。我所能做的一切就是把它们真实的样子展示给你们。"

　　几百年来，莎士比亚一直是学术界考证和研究的对象，并自然而然地与太阳、月亮和闪烁的繁星之下的任何之物进行比较。对待同行我略微不那么严肃（我们艺术家在那些方面彼此理解）。

　　假设你驻足观察一下那些操纵蒸汽挖土机的师傅，你会发现他们与不朽的莎翁有着极其相似的地方。注意当他扬起大铲后，他拉紧控制杆，将从土中和水中挖掘出的积物倾倒在路边和码头上，这就是他们的杰作，也是他们的价值所在。

　　莎士比亚就是这样一个"蒸汽挖掘机手"，他所挖掘的对象是人类，而不是大地。像此时正在弗拉辛附近挖掘新运河的蒸汽挖掘机手那样，他对他发掘的物质的道德价值并不怎么关心。他的铁铲可能破土进入久被遗忘的神祇的坟墓，他埋在你我首次在这一可爱的岛屿上立足之前六七百年他的小修道院花园的僻静处。或者他的铁勺卷起的只是一些臭名昭著的惯犯的头颅，他们因杀了几人被吊死，后来被扔进附近的沟渠中任由鱼儿和滑不唧溜的鳗鱼的吞噬，莎士比亚带到地面上的东西是些什么呢？什么也没有。他使之重见天日的某些岩石可能包含少量黄金。再一次，它们可能只不过是些石化的泥。他应当不安！他的工作就是发掘出碰巧在那儿的不管什么东西。任何人都不能指责他不务正业。因而，为何不再点上一支烟，朝他生前遮身度日的小舱层的窗外吐口唾沫，瞄下表，看看他在他能称之为日的一天里能再继续发掘多长时间，回家吃晚饭，喝杯啤酒，看看晚报呢？

　　如果你用心读一读莎士比亚作为一位剧作家所"挖掘"出来的东西，你就会明白我的意思。上帝祝福我们所有的人！从他那把文学"大铲子"里倒出来的人的种类是多么的奇异：纯洁的圣徒和十恶的罪人，高尚的英雄和卑鄙的无赖，贞洁的烈妇和冷酷的荡妇，前者无私博大地自我牺牲，而后者却无恶不作，另外还有聪明的贤人和笨拙的傻瓜，迂腐的学究和随莎士比亚——人类的"挖掘机"

心所欲的作家，饥寒交迫的流浪汉和自命不凡的受宠者。上帝与魔鬼为了某位哈姆雷特或某位理查德王的灵魂进行争斗。

其后来的剧作家虽也竭尽所能，但却无一能与这位埃文河畔斯特拉特福屠夫的儿子相提并论。因为迟早他们会陷入自己的疑惑和冥想之中。之后他们开始觉醒，不久便又陷入迷茫。但莎士比亚却从不说教，也没有从他所创造的人物的行为中指出任何明确的劝诫。但是即使是最没有思想的旁观者也能分清美德和罪恶、哪条道路通向死亡以及哪条道路通向永生。

有史以来所有真正的伟人都曾受到过责难并承受过巨大的冷漠之情，这也是他们"远离"众生所付出的代价。在我至今所发现的所有人之中，均认为这是一个相当公平的安排，没有任何怨言和遗憾，莎士比亚也不例外。他所生活的年代，戏剧舞台人才辈出，充满生机和活力，因此即使是最杰出的剧中人物亦可能显得苍白。

一个刚刚经历过无敌舰队入侵和灭绝恐慌的国家，不可能对哈姆雷特倾听他父亲哀怨时所处的悲凄的境遇表达太多的同情。《暴风雨》中所展示的奇异的历险又有何意义？当时在伦敦任何一个酒馆里都有许多老水手，只要你给他一品脱啤酒，他就会给你讲一箩筐航海者的奇谈趣事，准比《暴风雨》中普罗斯彼罗大公、他的女人米兰达以及那不勒斯王国国王的故事更刺激。另外，李尔王所遭受的痛苦又怎能与亨利国王统治下无辜受害者所遭受的劫难相提并论呢？

莎士比亚作品的读者队伍是为生计而疲于奔波的一代人，没有多余的时间来细心观察现实生活中的人物百态。即使这样，他在当时并非完全默默无闻，但他作为一位不可思议的作家和诗人的才能得到了其后一代人的赞赏和承认，这一代人是甘心享受其祖先在颠沛流离和争斗中积累起财富的一代人。几百年来，尽管有无数勤勉但却平庸的评论家试图把莎翁归入呆板的伊丽莎白文学教科书，但莎翁对我们现代人的感染力如此强烈，因此便成为无数位用其想象之镜向我们展示其美好梦想作家中，声名最为显赫、才思最为敏捷的一位。

莎士比亚在"百老汇"（我们今天这样比喻）生活了大约18年后，他再次产生了一种要回到更加体面的环境中生活的愿望。莎士比亚当时并不十分富足，但他和安妮细心节省着每一个便士，并希望在今后的日子里能步入上层社会太太和绅士们的行列，而不是整日与一些滑稽的丑角和江湖骗子为伍。于是他们回到了故乡斯特拉特福城，安妮细心照料着她的花园和她心爱的桑树（难道她又有了新的嗜好，准备养蚕以贴补家中的开支？）。同时，莎士比亚为他在伦敦的朋友写一些应时的剧本，直到1613年环球剧院被一场大火夷为平地，当时正在排演一场关于亨利八世的话剧，许多虔诚的人认为那是神灵的报应。此后不久，或许是1616年春天或夏天的早些时候，莎士比亚悄悄地退出了戏剧舞台的生涯。

对于莎士比亚的晚期生活，我们仍然知之甚少。可我们还需要知道什么呢？难道这位天才给我们留下的财富还不足够吗？难道我们还需要知道1616年3月25日草拟那份著名遗嘱公证人的祖母结婚前姓什么吗？

下面介绍一下我们的第二位客人，让·巴蒂斯特·波克兰，大家更为熟悉的名字则是莫里哀。他生于莎士比亚死后6年，其父亲是位巴黎商人，并得到了皇家室内陈设师的头衔，这在当时是非常值得荣耀的一份差事。

莫里哀是在一座称为"猴房"的环境中成长起来的，当时猴子是男性喜剧演员的象征，因此他对戏剧的喜爱是在耳濡目染中形成的。但他的父亲却不赞成他准备把做演员作为终身职业的狂热想法，希望莫里哀能像他一样成为一名室内陈设师，以继承他的事业。为皇家修理脚凳、清除衣柜里的蛀虫，工作既稳定又光彩！任何法国人有了这份工作，还会再企求什么呢？

可的确就有这么一位，他就是莫里哀。他继承了其母亲玛丽耶·克蕾塞机敏的头脑和对文艺的渴求。莫里哀没有兴趣摆弄顶针和剪刀。在很早的孩提时代，他就只有一个愿望，他必须成为一名演员。

通过父亲有影响的朋友的帮助，莫里哀得以进入一所使其同伴羡慕的学校。这是一所教会办的一流学校，对初级戏剧表演非常重视。

在克莱蒙学院学习期间，年轻的莫里哀不但系统地接触了古典文学，而且学习了表演艺术。经过与朋友们商量过后，莫里哀向其父亲提议去学法律。在那个爱打官司的年代，律师这个职业可以使你走遍天下。莫里哀的父亲欣然表示同意。1641年，莫里哀通过了一系列的考试，但其命运也发生了转变。他遇到了一位名叫马德琳·贝雅尔的女演员，芳龄24岁。在

莫里哀

此之前，她已是一位名叫孔德·德·莫德纳的情妇，并据说与之有过一个孩子。这种女人显然无法被受人尊重的、严肃的皇家生活圈子所接受。于是，莫里哀的父亲匆忙把他打发到了纳博讷，因为在1642年路易十三国王因健康状况需要搬到南方的纳博讷，而此时必定有一位室内陈设师随从前往。莫里哀刚刚抵达纳博讷便又返回了巴黎，放弃了世袭皇家室内陈设师的各种权利，把其所有积蓄都花到了他心爱的马德琳身上，并与她一起创办了盛名剧团。这个剧团后来赢得了法兰西喜剧不朽的声誉，其演员为维护法文口语高度的纯洁做出了不朽的努力，从而使法语成为整个文明社会交流的工具。

最初剧团并不成功，不久便因债务缠身而不得不解散。由于剧团的大部分投入是由莫里哀支付的。因此其父亲对他的选择多少开始认同了。但莫里哀和马德琳所面临的问题是，在他们最初的尝试失败后，以后的路该怎么走。

就在这时，莫里哀作出了一项重要的决定，他要把巴黎的剧院带到普通的法国民众中去。莫里哀和马德琳以及他们的演员开始去征服那些穷乡僻壤。这种巡回演出几乎持续了12年，但最终他们取得了他们自己都不敢想象的成功。

这在今天是绝对不可能发生的事情，但在17世纪中叶却变成了现实。除了诸多不同之外，巴黎并不能代表整个法国。当时的一些省会城市依然是当地重要的文化中心。巴黎也许会嘲讽他们，但他们却非常认真严肃，有自己的贵族阶层，住在曾祖父为他们修建的城堡中。他们的城堡在投石党运动中被毁掉，长期的宗教争斗把他们赶进了城市。他们也意识到缺乏当时宫廷生活中那份高雅。但他们安慰自己说，缺乏狂热是表明他们严格遵守十诫以及基督教的各种纪念日和斋戒日。他们严格教育后代是意图使他们成为教皇、国家和国王的栋梁之材。

这些好心的人们省吃俭用，但对于建立他们自己的文学院、宗教社团以及艺术学院却慷慨解囊。他们至少每年一次在当地的剧院安排流浪艺人做巡回演出。他们认识到教会对不断兴起的任何与戏剧有关的事物都抱有敌意，教会视其类似为邪教和革命学说的代言人。但是由于主教在很大程度上仰赖当地侯爵、伯爵和男爵的支持，因此为其利益着想最好的办法就是睁一只眼，闭一只眼，总之，他们绝少公开干预当地每周一次的正规演出。

当这些诚实的小城居民发现除了原先那些三四流的演员（几乎没有一个能把台词念准确）外，他们现在能有幸接触这样一位讨人喜欢、彬彬有礼而且才华横溢的艺术家，并且他所带来的戏中的主角竟然是个女的，另外他的演员也比以前那些所谓的悲剧演员要强得多。因此，小城的居民兴高采烈，对莫里哀率领的巡回剧团的热情始终不减。

最初，莫里哀对于做演员深感满足，但随着时间的推移，他开始尝试着写点小东西。这一写便一发不可收拾！整个世界为之一新并为之期盼："这是一个新的声音，一种新的进取。这里面有活生生的生活。我们喜欢，再多写一些吧。"

当然，这种情景是每位剧作家所企盼的，公众不断渴求你的作品。同其他人一样，莫里哀也在考虑这种热度能保持多久，直到有一天，善变的观众转过身去说道："哼，这种东西我们已经听过了！他是黔驴技穷了。我们到街对面看看那位新来的家伙有点什么新东西吧。"但奇迹在莫里哀身上出现了，公众对他的作品情有独钟、一往情深。

但只有一个例外，那就是潘洛斯（伏尔泰《老实人》中的哲学家）式的空谈家和执拗之流却感到不满和愤恨。因为莫里哀这位无名的文字匠在一出出剧中将他们的面具揭掉。虽然没有攻击任何人也没有提任何人的名字，但已把他们的恶行揭露无遗，而且任何人都会一目了然所指是谁。

莫里哀1664年回到巴黎，并且获得了巨大的成功，同时还得到了路易十四国王的庇护。因此，莫里哀认为教会也会让他三分。但这正是他的错误所在。《达尔杜弗》（后改名为《骗子》）遭到了教会的激烈的反对，并被封演。剧中描写了一位卑鄙的宗教狂热信徒，首先诈骗了他的恩人，尔后又试图诱惑恩人的妻子。

莫里哀向国王求助。国王邀请了教皇的使者来到凡尔赛，并让莫里哀把剧本读给他听。使者向教皇陛下报告说该剧的主题描写没有任何越轨之处。但巴黎的宗教界人士却不同意这种裁定。即使国王也不愿公开惹起他们的不悦，莫里哀主动将剧中最使人不快的几章做了删减，并公开上演《达尔杜弗》。但不幸的是，国王正率领部队在佛兰德作战，所以无法到场。第二天，巴黎地方长官在巴黎主教的压力下，勒令该剧停演。莫里哀派了剧团的两名人员前往国王的驻扎区，国王答应一旦他回到巴黎，一切都会好转起来。

巴黎的大主教于是从另一个角度发起攻击。虽然他无法继续阻止该剧的上演，但他可以利用他的权势去阻止那些期望去观看该剧的人。主教公开声明说，任何人如果观看、阅读此剧，或参加该剧的演出，都将被驱逐出教会。虽然被革除教籍已不像中世纪那样可怕（那时被逐出教会就等于变成了一具活着的僵尸），但巴黎人——特别是妇女——依然无法挣脱他们精神"领头人"的羁绊，不会为了在剧院待上一个晚上而甘冒这样的风险。

国王陛下也承认对于教会这种做法无能为力，于是建议莫里哀最好写些别的作品，并且忘掉这段不愉快的经历。莫里哀作为国王陛下一向忠实听话的仆人，撤掉了这部作品，并创作出了一批喜剧作品。

与一些愚蠢对手的无休止的争论使莫里哀的身体受到了极大摧残。他消化系统的疾病，现在看来就是胃溃疡，而这种病的起因就是缘于太多的焦虑。医生给他开的药方就是喝牛奶，莫里哀的创作继续我行我素，直到生命的后期。这是一场艰难的斗争，最后他已消耗殆尽了。

如果现在来这样假设：莫里哀有一个幸福的家庭，家中有位可爱的太太，在他饱经无休止的争斗之后，回到家中找到一份安宁和温馨。但不幸的是，莫里哀虽然有个家，但并未得到一位好太太。莫里哀所娶的女人确实是位美人，也是他剧团中最好的女演员，但她一直是莫里哀痛苦的根源，这并不是说她做了什么，而是因为她没有令人满意的出生证明书。

只是近年以来我们才能了解到关于该事件的如下事实，并且学术界也似乎认可了这种说法。莫里哀娶的是他前情人的妹妹，而不是她的女儿。

但我们确实不知为什么贝雅德老夫人对她最小的这个女儿的出生有必要如此神秘。当莫里哀步入中年且事业有成，计划娶这位年轻的女孩为妻时，他所有的对手都纷纷跳了出来，那种对莫里哀攻击的程度也足以让我们今天的社会版专栏作家欢欣鼓舞。

150年后，在法国档案馆中找到以下的记载，并且证实了阿曼德·贝雅德是贝雅德老夫人的女儿而不是她的孙女，流言蜚语者杜撰了一切。所幸的是，国王并没有被一些伪善的纷扰所左右。作为一个仁道的君主，至少是对私人朋友所做的一种姿态，国王陛下成为了莫里哀和妻子第一个孩子的教父，以冲淡外界对他所喜欢的这位演员的攻击。由于得到皇室的认可，人们或许还会继续窃窃私语，但每有国王的人在附近，人们便不敢再说三道四。

莫里哀的这桩婚姻并不美满，看起来主要是由于双方年龄的差异，但两人"保持着良好的朋友关系"，我们今天或许可以这样解释。但莫里哀死后，是阿曼德勇敢地去晋见国王并抱怨说，由于大主教的命令，她的丈夫如同一只狗一样被草草埋掉。如果她对莫里哀生前没有一丝爱慕的话，她是不会冒此风险的。

我亲爱的弗里茨，现在的问题是，当我写我真正喜欢的人时，我会忘掉一切，并且几天废寝忘食（或者稍有寝食），以便使我更好地描写他们。占用你有限的业余时间来阅读这一切或许有些不妥，但我确实喜欢这位法国老人。其实我并不是个戏迷，我宁愿去读《圣经·创世记》，也不愿坐在戏院里观看那些毫无新意的悲剧或喜剧，但莫里哀对我的吸引力如此之强烈，已经成为我心目中的英雄。但我也时常感到疑惑，他除了作为一名剧作家和剧院经理外，再没有值得引人注目的地方。但所有与他同时代的人（别有用心的人除外）似乎都承认他不仅是一位对生活敢于直言，而且是善于表达其鲜明态度的人，因此远胜于那些打着改革旗帜挥舞棍棒的人。正是由于他的这种素养，才使得他在戏剧界的影响犹如两个世纪后李斯特在音乐上取得的建树一样辉煌。

在莫里哀开始写作、表演和管理剧团之前，西欧的喜剧和悲剧演员的地位一如古罗马时代一样，被官方划入流浪艺人之列，其所受待遇与普通的流浪吉卜赛艺人相差无几。但当一位演员与国王同桌进餐（即使是对宫廷中的达官显贵也是难得的荣誉）后，一切都发生了根本的变化。

如果李斯特前来参加我们的聚会（如果能找到一位与他志趣相投的人，我真希望他能来），我们会询问他是如何成功地使那些皇家资助者在出席每一场音乐会时都保持体面的风度。他的做法就是与他们建立起了感情和精神的纽带，而这也使他成为了当时社会名流中的一员。同样，莫里哀的个性也深深地影响了当时的环境。犹如众多的胃病患者一样，人们认为这也可能导致他产生忧郁、疑虑以及灵感上出现问题，但他肌体上的不适并未影响他的幽默感。他依然彬彬有礼并且考虑细微。即使在他遭受剧烈痛苦的时候，他的文思依然如溪水不停地奔向山涧。由于他对斯多噶哲学（崇尚恬淡寡欲）和伊壁鸠鲁学说（享乐主义）巧妙的协调，他在任何阶层都生活得游刃有余。意识到自身存在的弱点，他对于邻居们的一些小毛病也相当忍让，他还是教会一名忠实的信徒，小心地履行着宗教义务。同时，和路易十四（也包括国王）年代大部分有知识的法国人一样，他多少也信奉一些笛卡儿的学说。

在后来的200年中，对于宇宙和造物中的认识和了解，法国被公认为思想学术界的"开路人"。但在阿尔卑斯山山脉的另一侧却未受到过足够的重视，一个半世纪以来，一直被一股坚忍不屈的教权主义所笼罩。

基督教代言人的暗探以不懈的热情去探听和揭露即使是处在萌芽状态的异端邪教，正面的攻击并不可怕。那些崇尚罗马教皇为最高权威的爵爷们会挺身而出为教皇抵御直接的威胁。但是怀疑的危害却可能藏在最意想不到的地方，或许是一幅画、一首曲子、一出赏心悦目的戏剧，或者一出芭蕾剧和滑稽剧中。

甚至国王也似乎相信"怀疑是一切智慧的开始"这样一个信条。莫里哀此时亦成为号召摆脱对超自然恐惧运动的带头人，以及劝阻这位室内陈设师的儿子保持沉默的企图不但一直持续到他辞别人世，甚至持续到盖棺以后。

1673年2月，莫里哀与世长辞，终年仅51岁。人生道路上的坎坷已使他心力交瘁，这包括与愚钝牧师间荒唐的争论以及亲人的过早去世。

莫里哀作品

莫里哀刚刚完成了一部戏中主人公臆想自己生病的喜剧写作，便意识到自己已经走到了生命的最后一站。虽然剧烈的疼痛已使他既不能站也不能坐，但这位可怜的作家决心自己饰演这个角色。

"我还能做些什么呢？"他告诉劝他卧床休息的朋友，"如果我不出演，就不会有这出戏的上演。如果没有演出，50多位靠今天晚上演出收入的剧团人员，就得让他们的家人挨饿。我不能对不起这些善良忠实的伙伴，我不能背叛他们。"

在第二幕演出结束时，莫里哀突然感到一阵痉挛并引起惊厥。他试图大笑几声以掩盖疼痛以便能坚持到最后，当他的朋友刚刚把他抬回到家中时，莫里哀即与世长辞了。他死得如此突然，连他的妻子当时也未能赶到他的身边。

第二天早上便碰到了如何埋葬的问题。当莫里哀意识到他即将走完人生之路时，他曾派人去请牧师。作为基督教的一位好教徒，他希望能得到宽恕。但是牧师却拒绝为一位演员做忏悔。一年前，马德琳·贝雅德却逃脱了相同的厄运，因为她在死前正式宣布放弃演员职业。对于莫里哀尸体的处理已不是什么秘密。巴黎大主教拒绝将这位流浪演员的尸体埋入圣地，并且拒绝以基督教通常的礼仪掩埋这位基督教徒。莫里哀狂怒的妻子转向路易国王求助。国王对这位曾经给他的国家带来声誉、但其地位卑贱的演员存有一种真挚的个人情感。他传令给大主教说，他不能容忍这样去缅怀一位老朋友。于是，大主教提出了一个听起来很不错的折中方案。作为特殊照顾，可以由两位牧师参加葬礼，但必须在日落之后举行，最终，莫里哀的尸体或许与罪犯和自杀者埋在了一起。

对于莫里哀是否埋入圣地的问题并没有明确的记载，但是关于莫里哀的墓穴与没有领圣体的圣约瑟夫墓地在一起的说法也值得怀疑，并同样不能确定。今天，没有人真正了解这位法国最伟大的作家到底埋葬何处。

另外一个更为有趣的事实是，17世纪官方对演员的轻视昭然若揭。莫里哀从未被选为法兰西学院的成员。有一天，如果你看到一本书，而促使你购买的原因是因为该书的作者是一位法国文学院的成员，请记住，我亲爱的弗里茨，这些体面的老顽固们曾经拒绝与我们这位皇家室内陈设师的儿子为伍。但在他们同时代的人中，唯有他，至今依然活在我们心中。正是他以其辛辣的嘲笑向世人表明，那些自以为是的学究是人类最危险的敌人，从而令整个文明世界大笑不已。

法兰西学院曾拒绝向莫里哀敞开大门。100年后，瑞典学院派也无视卡尔·米切尔·贝尔曼的存在，只因他乐于与一些衣衫褴褛、放荡不羁、但能使人振奋而且有天赋的醉汉们在一起，是他们帮助他写出了不朽的音乐作品。而舒伯特当时也从未被奥地利皇室看作难得的音乐家，伦勃朗死时也未能还清债务。莫扎特由于过度劳累得了肺结核，柏林评论界一致认为帕岱莱夫斯基不会弹奏钢琴。当凡·高在他的故乡展出他的作品时，荷兰的自由民却把口水吐在了他的画上。当朱塞佩·威尔第申请进入米兰音乐学院时，教授们认为他毫无天赋而被拒之门外。有数不清的短视和愚蠢的行为，可这一切与我下面介绍给你们的主人公——塞万提斯离题太远了，剩下的我会另找时间告诉你们。

要实现绝对公平是不太容易的，同时，我也承认，我从前从来没有过，现在也不了解西班牙人，将来也不会了解他们。我到过世界的许多地方，也在许多奇怪的土地上生活过。我了解许多国家和民族的语言，这使得我能了解许多偏远民族的思想进程，有许多民族，我只是通过邮票的形式了解的，但是有两个民族完全在我的理解能力之外——那就是西班牙和爱尔兰。

我过去常常怀疑，尽管我主张宽容和自由，可是在内心中，我可能仍然还是个加尔文宗的教徒。是约翰·加尔文的精神使我不能公平对待那些由罗马天主教会控制的国家，但事情也不完全是这样，因为在1914年大战之前，我曾经在巴伐利亚度过了最开心、最幸福的五年时光。那时，一个女人，如果没有她的精神医生证明她经常去教堂做弥撒的话，她是不可能在官方的建筑区中找到一个打扫房间的活的。

于是，我自己对自己说是这些骄傲的贵族中的阿拉伯血统，使我把他们看成欧洲的外国人，但是在爱尔兰人中没有阿拉伯血统，这也不是真正的原因。最后，我开始考虑宗教对现在的西班牙人和爱尔兰人到底产生了多大的影响。无疑，宗教对西班牙人和爱尔兰人的精神、文化和道德的发展产生了很大的影响。但是，为什么他们没能在西欧和北欧保持大国的地位呢？而其他国家与西班牙和爱尔兰有着同样的条件，同样的机遇。我终究没有得到一个满意的答案，我最终把它划入我的"没有解决也是不可能解决的难题"之中，我不再考虑它。

我认为我们每个人生来都有许多盲点，最好的办法是认识这些盲点，然后尽量减少它对我们的不利影响。我们为什么要这样沉醉于个人的癖好，而不顾及其他许多亟待我们解决的问题，而且许多问题经过我们个人的努力，可以使我们生活得更好呢？

米格尔·塞万提斯·萨维德拉，这个名字很动听。我想这个名字可能对西班牙人来说有某种意义，但我已经放弃推敲名字的意义，有时它会导致彻底的失望。比如，有史以来最著名的历史小说《战争与和平》的作者俄国人托尔斯泰。这是多么典型的俄国人的名字！多么浪漫！多么富有诗意！

这位长着浓眉大眼的莫斯科贵族双脚沾满了泥，穿着破旧的农民上

塞万提斯

衣。只有一个真正的具有贵族派头的人才能具有这样感情洋溢的民主。后来，我开始学俄语，我遇到的第一个形容词是"肥胖的"toistoi（读音与托尔斯泰相同），所以，这位《安娜·卡列琳娜》的作者的名字，除了"老肥"之外，没有其他更深层的意思。

几年后，我对法国普罗旺斯语言着了迷，并深深地喜欢上这块土地。古罗马灭亡之后，这里的文化开始消亡。于是我决定开始学习这个由弗雷德里克·米斯特拉尔先生发展的别致的语言。直到有一天，吉米问我："还忙着弗雷德·诺思温德（意为"北风"）呢？"魔力被破除了。弗雷德·诺斯温德像是一个药店的名字，或者是一个加油站的名字，决不像一位领导声势浩大的文字运动的领袖的名字，上帝饶恕我们吧！

所以我放弃了研究名字的意义。尽管我有许多西班牙朋友，也有足够的机会，但是我还是放弃了推敲"塞万提斯"和"萨维德拉"的意思。但是，我通过赫尔曼·凯斯滕的小说对他已颇有了解。他过着一种多么怪诞的生活。在世界上再也没有一个人像他那样受到无情的不公平的命运给他带来的冤枉和痛苦。

在很年轻的时候，塞万提斯在著名的奥地利唐胡安手下服役，唐胡安1571年出兵要消灭在地中海东面的土耳其人。按照他的计划，异教徒都要被消灭，但是在战争中，塞万提斯至少中了三枪，伤势很重，造成左手永久残疾。作为一位乐观主义者，他只是说失去了左手是为了让他更好地使用右手，并继续作为菲利普国王的一名士兵参加战斗。同时，由于他具有实践的头脑，而且他为上帝和国家主权做出了牺牲，他得到了提升，薪水也增加了，而且以后可以终身保有职位。

塞万提斯带着唐胡安总司令的推荐信，离开了舰队，起程返回西班牙。离马赛不远，他的船被阿尔及尔海军抓获。所有的水手和乘客都被当奴隶出售。

多亏了总司令亲笔签名的推荐信，狡猾的阿尔及尔人认为携带这封推荐信的人一定是一个很重要的人物。当他们给他定赎金的时候，就给他增加了一倍。为了不失去发财的机会，他们小心看管着这些犯人，以防止他们逃跑，并剥夺了他们所有的人身自由。塞万提斯不以为然。他具有能言善辩的口才，很容易就说服了下一个站岗的黑人帮助他逃跑，并给他指出了通向大海的路。在最后时刻，这位黑人想到了放跑犯人的惩罚（他们被活剥了皮），在通往大海的路上抛弃了他。

塞万提斯被很容易地抓回来，这次他被投入一个黑暗地牢中，并被告知只有当赎金交齐后，才能被释放。最终，赎金终于交来了，他的父母卖掉了家里的所有财产，仅仅凑足了300元。阿尔及尔人大怒："什么？！300元就要赎回一个携带由唐胡安签名的推荐信的西班牙贵族，这简直是侮辱。"他们释放了塞万提斯的弟弟，继续扣留塞万提斯，直到另外几千元的赎金送到后，才可能被释放。

塞万提斯知道他的父母不可能再帮助他了，于是他决定自己帮助自己。他又一次逃跑，又一次被抓回来。但是，这次他要被打2000棍。事实上，20棍就足以置他于死地，但是，惩罚一直没有执行。是阿尔及尔总督哈桑帕夏敬慕他的智慧和坚忍不拔的勇气，保护了他。交易毕竟是交易。3000元的赎金对这位西班牙人来说像一个便士一样，他穿着破衣烂衫，戴着铁镣，走起路来昂首阔步，土耳其人很少能拥有他的气质。

老塞万提斯夫妇——还有他们最好的亲戚——开始了毫无希望的筹集赎金的工作。那3000元对他们来说像几百万元一样困难。修道士又一次开始在阿尔及尔和巴伦西亚之间斡旋，进行讨价还价。

无休止的等待对塞万提斯来说是不能忍受的。于是他又劝说他的狱友，准备偷一艘快艇投奔自由。如果其中的一位多明我会的传教士不背叛他的话，逃跑计划就可能成功了。这位传教士已被保证将获得自由。塞万提斯的第三次逃跑按照阿尔及尔人的法律将意味着死刑的惩罚。但是，哈桑帕夏仍然很喜欢他。塞万提斯又一次被饶恕。

最终，经过坚持不懈的交易，甲方（他的西班牙亲戚）和乙方（阿尔及尔的人贩子）达成协议。就在被公开拍卖之前，塞万提斯被释放。他于1580年11月又回到了祖国。这是他九年后又一次踏上西班牙的土地。任何缺乏乐观主义的人都会说："够了，够了，我可能生来就不会福星高照。我会到一个十分偏僻、远离人群的地方找一个工作，然后在那儿度过自己的一生。"但这不是塞万提斯。他又开始了更加危险的赴北非港口的旅

剽窃者具有非凡的技巧。他们非常仔细地按照原版的堂吉诃德的形象编造了一系列的堂吉诃德的冒险故事。要区分哪一个是真的堂吉诃德，哪一个是假的堂吉诃德是十分困难的。

途。他在16世纪下半叶成为西班牙的一个雇佣文人。

塞万提斯此次也只是从一种形式的奴隶转变成另一种形式的奴隶。在阿尔及尔，气候宜人。在马德里，现在也一样，是一个沉闷多风的城市。只要你离开了马德里，也就没有必要更换其他地方了。他的新职业的第一次尝试是没有任何恶意的。他写了一部田园小说《伽拉苔亚》。这部书还算成功，他甚至还赚了几百元。这很不幸，他像我们今天的格林威治小村的年轻人一样，出售自己的文章。他结了婚，但很快又离了婚。有一句俗话是"两个人可以生活得像一个人一样"。但他没有发现这种说法的正确性。在通常情况下，两个人变成三个人，然后又变成四个人，五个人。对父亲来说，生活意味着无休止的辛劳；对母亲来说，意味着饥饿、痛苦和单调乏味。

首先是他妻子的嫁妆帮他渡过了难关。一棵果树、5棵藤、4箱蜜蜂、45只母鸡、1只公鸡和1只对养家糊口没有多大作用的大酒杯。至少，他们可以生活45天。但是，即使是这样，六周后，他似乎厌烦了炖鸡，看来只能做汤了。塞万提斯用尽他的智慧，不分昼夜地工作，以养家糊口，直到生命的最后一刻。

像所有在官僚主义国家长大的人一样，塞万提斯认为，只要他能找到一个公职——不论是什么工作，所有的担心都不复存在。为了找到这么一个工作，他必须让国王知道他。也许他认为——如果他能告诉陛下他曾经为国家当过兵，并且在保卫国家和上帝的战斗中失去了左手，国王肯定会同情他。他感到由于成功的概率太小，他会要求得到一个马厩，而不是一匹马。于是，他试图谋得在西半球出现的四个职位之一：危地马拉总督，新格林纳达的经营珠宝工作，卡塔赫纳的审计员和在拉巴斯类似的工作。

塞万提斯得到的回答是建议他不要期望太高，也不要走得太远。一个"离家近的"为征服英格兰和低地国的舰队筹集小麦的工作很适合他。

最终，塞万提斯因抢劫农民而被逐出教会。当公众读了他的书后，发现书中充满了无助的迷茫的感情，因此建议立即开除他。

这次悲惨的遭遇使他陷入极度贫穷之中，他不得不借钱为自己买了一条裤子。塞万提斯又一次想到用文学来糊口。他把他自己卖给了一个答应每六部戏给他50元的出版商。在16世纪，似乎每个人都能写出一打剧本。

塞万提斯在萨拉耶萨举行的文学比赛中得到了一等奖。一等奖还包括三个银勺子。勺子没有多大用处，除非你有东西需要搅拌。他的生活没有什么变化。同时，由于他有了一定的地位，他又一次被允许在皇家海军中服役。但是，他是个生来就倒霉的人，无论如何也摆脱不了厄运的纠缠。他把从政府借来的几千里亚尔委托给一个准备返回马德里的商人。这个商人答应他一到马德里就尽快把钱交到皇家金库。可是，这位商人却带着钱消失得无影无踪了。塞万提斯被迫从朋友那里借钱，否则将在监狱中度过他的后半生。

从这些情况来看，塞万提斯似乎并没有给他的藏书家们带来好的作品。由于这次不幸的经历，他又一次大胆地做起了生意，又一次赔了他最后的一分钱，又一次被投入欠债者的监狱。从此以后，他消失得无影无踪，直到他的名字作为作者出现在手抄本的小说上，这本书很流行，讲述了一个奇情异想的西班牙骑士堂吉诃德·德·拉·曼萨的神奇冒险经历。

首先，我们注意到的是这本著名的滑稽剧并没有使作者感到高兴。洛佩·德维加，这位"人类戏剧的制造工厂"，在一生中写了2000多部喜剧和悲剧，告诉他的一个朋友说，他读了《堂吉诃德》的一部分，认为是他看到的最低劣的作品，这种行为应该受到反对和唾弃，因为洛佩·德维加似乎听到了在这本尚未完成的书中有讽刺他的内容。为了对西班牙民众公平，我必须马上告诉你们，当塞万提斯的这本书最终印刷之后，是如此的成功，以至于在它上市的两周内，在里斯本至少有三位出版商弄到了这本书，并日夜赶印他们的非法印本。

这对作者来说可能是一件好事，但从经济角度来说，并不是一件有利的事。于是，塞万提斯诉诸法律，得到了对里斯本的出版商实行的强制令，并成为当时的英雄。最后他似乎应该开始走上成名之路。当这本书全部出版之后，在西班牙识字的人对这本书大加赞扬，并且告诉了那些不识字的人，使不识字的人也同样感到高兴。

这可能会使19世纪的我们感到惊讶。他作为西班牙朴实的贵族，赢得了我的好感，因为他是16世纪西班牙伟大的讽刺艺术大师，但塞万提斯的同代人并不用这样的眼光看他。他们把他当作真正的西班牙美德的代表，他们敬仰他对最理想的骑士风度的无私贡献。这种骑士风度在世界的其他地方早已消失得无影无踪了，仅存在于欧洲大陆某些偏远的地方，因为在那些地方没有发生太大的变化。于是，他们渴望知道最后的结局，他们对那些荒唐的情节感到高兴，而没有注意到它对他们北方的比利牛斯山脉的邻居所造成的影响。他们认为对这位不朽的西班牙人的赞扬只不过是他的讣告而已：这里躺着一个西班牙人的灵魂，愿他安息吧！

塞万提斯在今天可能成为金钱和名誉的富翁，但是事实上他的成功给他带来的是更大的不幸。在他的著作征服世界之后不久，他就被迫抵御他新的也是最危险的敌人——对他作品的剽窃，剽窃者具有非凡的技巧。他们非常仔细地按照原版的堂吉诃德的形象编造了一系列的堂吉诃德的冒险故事。要区分哪一个是真的堂吉诃德，哪一个是假的堂吉诃德是十分困难的。

在随后的三个多世纪里，即使是最有能力的学者也没能查出谁应该为这次骗局负责。剽窃者用的是假名费尔南德斯·德·阿韦利亚内达。但这对我们并无任何帮助。曾几何时，几乎所有的西班牙作家，从洛佩·德维加（他又一次和塞万提斯和解）到布兰科·德帕茨（两位足智多谋的阴险的宿敌），都涉嫌参与了掠夺应该属于塞万提斯的名誉。

贵族堂吉诃德偷了一只鸡

阿韦利亚内达的书是1614年在塔拉戈纳上市的，并引起了意想不到的后果，塞万提斯对这样不公平的竞争伤心得无法用语言表达，并担心影响该书续集的发行，于是他比以前更加注重他自己的风格，以表明他是原版《堂吉诃德》真正的作者。按照现代的说法，他力图使他的作品超出"庸俗小说"的范畴，而写出真正的高质量的"杰作"。

但是所有的努力都已为时太晚，终生的烦恼和阿尔及尔数年的监禁生活，还有永无休止的与贫困的斗争开始困扰着他。他已69岁高龄，一生中所做的努力都以失败而告终。1616年4月初，他卧床不起，不名分文，居住在镇中一个最贫困的角落里，但他仍然是一个斗士，一个西班牙绅士。几乎和莫里哀一样，塞万提斯继续他的创作，直到生命最后一刻。几名方济各会的第三修道会修士主持了他简单的葬礼。他的遗体被埋在马德里的一个教堂中——一说埋在一座信仰三位一体说的女修道院中。他的墓地始终没有被发现。在他唯一的孩子，一个私生的女儿，于1652年死后，除了他书中的人物以外，没有什么东西可以使我们想起塞万提斯。

护城河难住了高贵的堂吉诃德，他做好了向我们的风车挑战的准备。

04 哲人神韵：笛卡儿与爱默生

我们邀请了两位截然不同的客人——笛卡儿和爱默生。

正如我们所预料到的，第二天午餐时，我们详细地讲述了前一天晚上发生的一切，露西和吉米听了非常高兴。但他们的欢笑并不能解决我们面临的难题：下一步我们该邀请谁呢？最终还是露西给了我们一点暗示，从而就有了这一年中一个最愉快的晚上。她问我们："为什么不从世上最聪明的人中挑一位呢？"

弗里茨问她："你指谁？"

"一位法国人，就是那位笛卡儿先生。"

"好主意！"我们俩异口同声表示赞同，就在这天晚上，勒内·笛卡儿这个名字就被一笔一画、工工整整地写到了一片小字条上，并送到了市政厅前的石狮子下面。同时，我开始搜集有关笛卡儿的资料。

当我在我的私人图书馆里寻找有关笛卡儿的生活资料时，偶然翻到一本爱默生的散文集，这使我萌生了一个念头，我和弗里茨对邀请每一位客人都是十分谨慎的，但我们还会找到另一位伊拉斯谟吗？那么，除了笛卡儿，为什么不再邀请上爱默生呢？他懂法语，能够和笛卡儿交谈，而且他们都是绅士。于是我在另一片字条上写上拉尔夫·沃尔多·爱默生的名字，骑上自行车，来到市政厅，把字条放到老地方。我发现那片写着勒内·笛卡儿的字条已不在了。

回到家，我决定立即准备菜谱，因为尽管笛卡儿在荷兰住了21年，但他还是保留着法国人的口味，而且他还是一位美食家和品酒的行家。而要满足爱默生的口味就很容易了。他是新英格兰人，毫无疑问，他是在"千万不要注意你在吃什么"这一令人可怕的观念下长大的。

我们准备做牛肉莴苣清汤，莴苣一切为二后在牛肉清汤里炖上十分钟，然而把莴苣取出，剩下的便是鲜美的清汤了。跟汤一起上的是热腾腾的小肉馅饼。到时，我们不准备用惯用的第一道菜，取而代之的是炒虾，按照中国人的做法，虾里放些香菇和熏猪肉一起炒。炒好后装到我们几年前从巴黎买回来的深底的小碟子里，我们发现虾放在这种碟子里要比放在一般荷兰人常用的盘子里要好得多，因为那种盘子很浅，吃的时候，虾很容易从盘中掉出来。

至于主菜，我在1746年的《资产者菜谱》中发现了一种令人振奋的新式烤鸡法，把鸡放在熏猪肉汤里烧开，再放在烤叉上烤熟。还有洋蓟炖肉丁，根据1651年的菜谱来做，不过17世纪时人们从未像我们今天那样吃洋蓟，这道美味菜里的大部分汤汁可能会流进我们的袖子，而不是流进我们的咽喉。至于甜点，乔保证由她来完成这一艰巨的任务，为我们做一道西班牙炸糕，这种甜点在一本名为《宫廷晚餐》的烹调书中被列为第一美食。这种棕色的小糕点要是让路易十五看到了，他一定会拿去犒劳笛卡儿先生的。尽管笛卡儿以一名危险的精神革命家而闻名于世，但他始终是教会与国家的忠诚的支持者。葡萄酒倒不成问题，波尔多白葡萄酒就着虾喝是最好的了。勃艮第红葡萄酒就着烤鸡喝非常可口。我还决定为他们准备好咖啡，我们还可在咖啡里放几匙科涅克白兰地酒，爱默生一定喜欢喝，笛卡儿可能也会喜欢。像爱默生习惯吸鼻烟的，怎么会不喜欢喝咖啡呢？

挑选音乐倒是个难题，尤其是要满足像笛卡儿这样有很高音乐修养的人。他经常写有关音乐方面的专题文章，自然清楚每个音符之间的区别。我们已经有了奥兰多·迪·拉索《本尼狄克特》的唱片，录的是他的一些忏悔的圣歌。此外，我还找来了尼古拉斯·宫贝尔的《穿节日盛装的玛丽·弗吉尼斯》。然后，我又向阿姆斯特丹定了约翰·塞巴斯蒂安·巴赫的b小调弥撒曲和一些合唱典（因为笛卡儿生活的年代比巴赫早一个世纪）。

这一切后来证明的确是明智的选择。笛卡儿听了巴赫的音乐后非常高兴，他吃过饭后还要听，好在我们有更精彩的《圣马太咏叹调》和《圣约翰咏叹调》的一些选曲，我们的客人还特别喜欢咏叹调《伏勒勃哈西》选段，他请我们将这段重放了一遍。——至于爱默生，他很礼貌，不过他对约翰·塞巴斯蒂安·巴赫的推崇程度使我想起了格兰特将军，他在听了简妮·林德的演唱后，认为她无疑是个"非常好的女性"。

我只能坦白地承认，爱默生明显不能理解任何一类音乐，不过这一点没有让我感到奇怪。他生长时所处的环境几乎不可能使他对约翰·塞巴斯蒂安·巴赫的作品中那些快乐的音符感兴趣的。尽管如此，他对我们是非常宽容的。我们也小心翼翼地，尽量不在他面前提起可能使他不高兴的事情，他从小是在赞美诗声中长大的，而且在19世纪前半叶，音乐始终伴随着他。

下面是我写给弗里茨的勒内·笛卡儿的生活简历。

1596年，小勒内出生在图赖讷省的一个小村庄里。他的祖父是一位内科医生，并同一位内科医生的女儿结了婚。因此，小勒内自年幼时起就自然而然地喜欢上了医学。但他的父亲若阿基姆·笛卡儿却更喜欢一种法律职业，并且按照古代法国人的传统，同一位高级法官的女儿结了婚。妻子过世后，老笛卡儿再婚，并移居布列塔尼，在那儿，小勒内度过了他的年青时代。

到了布列塔尼后，老笛卡儿在一家律师事务所谋到了一个职位，这突然之间就使他成了低层贵族中的一员。这在法兰西这个君主国里是件很平常的事，但对小勒内却有着深远的意义。他从未忘记过他得益于这里的一切。没有人能像笛卡儿这样如此勤奋、如此诚实，但又不带任何个人色彩地向他的同胞们传授真理。笛卡儿像我认识的这样的博士中的一位。他们用终生的时间去研究，并常常发现后来被证明是对他们同胞有最大利益的

笛卡儿

东西。除了有人提起他们所起的作用就像是人类竞争中的乐善好施者外，其他没有什么能激怒他们。因为真正使他们感兴趣的并不是人类竞争。而那种细菌的行为使他们恼怒，他们一心要抓住它，并把它彻底消灭。通过他们的劳动受益的是人类竞争，而对这，他们全然不放在心上。

他们没有任何的装腔作势。他们试图避开所有的人类感情，而且在这一点上他们是完全真诚的，也许正是这一点才使他们成为优秀的研究人员。他们在病房里待不了5分钟，而一进研究室，他们就换了副模样。勒内·笛卡儿就是属于这种类型的，除了有一点例外，即他比其他的科学家更加笃信宗教。至于其他方面，他在对待同事的态度上是很随便、不拘礼节的。他宁愿追求自己孤独的生活方式。他是很差劲的交际家，或者说他根本就不善于交际也许更加合适。在低地国家生活的20多年时间里，他尽量避免学习荷兰语，以使他不必同可能会来邀请他抽袋烟的邻居谈谈那而浪费他宝贵的时间。一个人居住在异国他乡，但不愿意学当地的语言，在人们看来似乎是不可思议的，但这样能使笛卡儿同社会隔离开来，而这种环境正是笛卡儿完成他自定的任务所需要的。在作为一名学生、一名战士结束就业前一年的漫游旅行（中世纪欧洲风俗）后，笛卡儿准备去解决人类生存的奥秘这一难题。

首先，这就业前一年的漫游生活使他由祖国法兰西来到尼德兰。当时，在尼德兰争取自由的斗争已渐渐地转变成一场军棋游戏，在那半年的时间里，双方都住在营房里过冬，但天气一转暖，足以到户外享受生活时，他们就开始包围对方的城市。在17世纪，这样的攻打纯属暴力。他们为什么要去杀死敌人，并冒着被敌人杀死的风险？而当时人们完全可以用不太危险的方法来赢得胜利。那时，你可以通过详细地制订一个进攻计划，之后就可以告诉对方："我尊敬的'朋友'，明天，只要我点爆我的炸弹，你就会失去三个堡垒、五个射击踏垛、四个牵引环、九个多面堡和两个棱堡，而你最多只能摧毁我们两英里壕沟。"

如果你可敬的"朋友"是位有见识的人的话，他就会拿出铅笔和纸，然后仔细地计算一番，如果得出结论你是对的，他就会把他的宝剑呈上，并回答："先生，你赢了，而我输了，现在让我们去喝酒吧。"这并不是说要那样去打仗，你就必须同时是一个一流的工程师和一流的数学家。也许是巧合，继沉默者威廉担任新成立的荷兰共和国领袖之后，威廉的两个儿子在解决这类难题方面是无人能比的，这一事实很快传遍了整个欧洲。想成为职业军人的有雄心壮志的年轻人从四面八方赶到荷兰，去听著名的战略艺术老师讲的课。

1618年，勒内·笛卡儿来到了布雷达，并成了拿骚的莫里斯的学生，后者那时正在布拉班特，为在荷兰南部做进一步的斗争进行准备。那是多么荒谬的时代啊！除了激烈的宗教斗争，整个欧洲还是沉浸在文明统一之中，而这种文明统一产生于中世纪有关政治和宗教超级帝国这一概念。又过了一个半世纪后，极端夸张的民族主义观念使欧洲分裂成一个个相互对立的小国，每个国家都在发展和邻国相互对立的自己的文明和文化。但笛卡儿出生的时候，不管出生地是在斯德哥尔摩还是在那不勒斯，在维也纳还是在马德里，在伦敦还是在阿姆斯特丹，都没有什么差别。你不仅是一个瑞典人或意大利人或西班牙人或奥地利人或荷兰人，而且事实上你是地球村的合格的一员，因为你出身于相当高贵的家庭，接受了较好的教育，能讲拉丁语以使你的同胞们能理解你，注意到自己的习惯、风俗和偏见，并愿意让他人共享。

当然，这完全不是民主的安排，但它已存在了这么长时间，并且已被彻头彻尾地接受，并成为社会的秩序，以至没有人冒犯它，没有人感觉到需要另一种体制。比如一个俱乐部的大门对任何人都敞开，而丝毫不管俱乐部已有成员对新来者极度不欢迎这一事实。

笛卡儿出生在法国的一个天主教家庭，而他却在当时为荷兰陆军头儿的德国新教徒手下服役。他一到司令部，就发现他已成为一个由军队学员组成的国际公司中的一员，他们从欧洲的每一个角落聚集到一起来学习第一手的战略学。为了打发乏味的值勤时间，这些年轻人十分热衷于数学竞赛，最佳答案的提供者还可获得奖励。

有一天，年轻的笛卡儿想解答一个贴在教堂门上的一个题目，而这道题碰巧是用荷兰语写的，他就请求一位陌生人为他把题译成法语或拉丁语。但那位陌生人拒绝了，因为他自己也是数学家，而且这道题已难倒了陆军里面最聪明的人，因而他非常怀疑这位年轻人是否能看出这题的一点头绪来。第二天一早，笛卡儿把答案带给了那位陌生人。后来两人成了忠实的朋友，这位法国的军校学员去了多德雷赫特，同这位新结识的荷兰人一起度过了一段时间。这位陌生人竟是该市拉丁语学校的校长，还是当地很有名望的数学家。

和我们今天打仗的方法比较一下的话，我们肯定能从17世纪的战士那儿学到一点有用的东西。

笛卡儿从荷兰前往德国参加那场拉开了那次伟大的三十年战争序幕的战斗。在拜访了奥地利和波希米亚后，他越过阿尔卑斯山脉前往意大利。他一直有一种奇异的、神秘的、灵性的感受——一种幻想——总觉得他应该去洛雷托村朝圣，并感谢圣母马利亚在他23岁那年，当他还在德国南部乌尔姆市学习数学的时候就让他同宗教联系在一起。

在多瑙河畔这个古老的镇上看到的一切使笛卡儿对唯理智论和在巴洛

拿撒勒

克时代典型的宗教信仰两者的奇妙结合发生了浓厚的兴趣。他们的头脑中充满了20世纪的数学公式，但他们的思想还深深地扎根在中世纪信仰的土壤中。总的来说，他们是绝对朴实的，朴实到令今天的人们感到震惊，但同时他们还沉浸于信仰之中，这对我们现代人来说同样是不可理解的。

记住！笛卡儿试图以理智的倡导者——对所有事物都有清楚的、直接的理解，希望把所有创造的秘密都转化为数学公式——的身份让世人所了解。记住！正是这无畏的、压抑不住的理智自由的斗士，他们能够吞下洛雷托的故事，能吞下鱼钩、鱼线和浮子。圣母马利亚的房子原先坐落在拿撒勒，由于害怕撒拉森人会攻占拿撒勒，并摧毁这神圣的建筑，在13世纪末被搬到了洛雷托——亚得里亚海边、安科纳以东几英里的一个小村庄。几位天使用肉体将它拉起，并安全地将它由巴勒斯坦移到意大利——这不会有错。为了确保移到洛雷托的确实是原先的建筑，达尔马提亚州州长派特使前往拿撒勒调查那座房子是否还在老地方。他们回来报告说房子已经不在了。自那以后，谁还敢怀疑这一奇迹的可靠性。当然著名的数学家勒内·笛卡儿也不例外。尽管从他所从事的实践，他应该知道这必须是异常强壮的天使才能将如此大的建筑（全是用长28英尺、宽12.5英尺、厚13.5英尺的石头砌成）从巴勒斯坦搬到意大利，并且只用了两个小时。

刚才我提到乌尔姆。笛卡儿曾在那儿同一位也热衷于数学的朋友一起学习。可能是他同那位同样沉溺于神秘的数学的朋友的亲密关系使笛卡儿得了严重的忧郁症。也可能是由于多瑙河边这座古堡垒的阴暗，还可能是由于他意识到他正在发现一个将彻底改变科学基础的东西而受到烦扰。因为他认为他用来研究分析几何学的方法可能适用于所有其他的数学分支，而对他来说，数学意味着创造的一切。只要在这个课题上再有一点希望，他就能作为理智这一新世界的创世人。但他祈求的一点希望在他的三个梦中，与科学没有丝毫的关系。

在第一个梦中，他梦见自己孤单地走在一条乡村小路上，山洪暴发，他成了跛子，被迫到教堂去避雨。第二个梦连着第一个，他听见可怕的雷声，他的身体放出火花。在第三个梦中，他偶然翻开了德西穆斯·马格努斯·奥索尼乌斯的一卷书，该作者叙述了顺莫塞尔河而上迷人的、田园诗般的旅行。一打开书，映入眼帘的第一行字就是："我现在应选择什么样

笛卡儿经常更换住处

的生活呢？"

当奥索尼乌斯写下这些话时，它们可能拥有任何寓意，但它肯定与不朽的灵魂无关，因为这一4世纪罗马诗人远非一位基督徒，他曾污辱他畈依该教的人们，献给他们一首取着《十字架上的丘比特》这样极端无礼的名称的颂诗。当然，笛卡儿可能不知道这一点，但即使他知道，考虑到他被这行文字吸引时的心境，也不会有多少不同。他刚刚20来岁。到那时为止，虽然他是许多学科分支忠诚的研究者，但他实际上未取得任何具有长久价值的东西。他所面临的问题是：他应走什么样的生活之路呢？

笛卡儿希望能在洛雷托找到答案，而且他确实找到了。这位修养良好的年轻的法国贵族，一心想过戎马生涯或继承父业当律师而浪费了许多大好时光，而现在却成了生活新哲学——思想体系的伟大的改革运动者。

笛卡儿非常清楚地意识到，要达到这一目标，他必须离开他的同胞。划时代的思想很少在吵吵闹闹的鸡尾酒会或其他的社会运动中形成。他们需要寂静和孤独。笛卡儿研究了一下地图。在17世纪的前半期，哪里才能找到理想的安静的学习环境呢？他想到了意大利，但他是北方人。他讨厌炎热的下午和沉闷的晚上。他肯定这样的气候一定会要了他的命。他只有唯一的选择——北海边的低地国家。他安排好了故乡的一切，包括他不太丰厚但还可依靠的收入（即使是哲学家也必须吃饭），告别了故乡。1629年春天他来到了那里，直到1650年他离开人间的前几个月，从未离开过这片土地。

可能除了贝多芬外，再也没有人像勒内·笛卡儿这样经常地更换住处。他不是因为和不诚实的女房东和令人不愉快的邻居争吵。他不是疑心很重的人。一般来说，他同邻居们相处十分融洽。实际上，他很快就发现即使他一点也不懂这里的语言，他也总能很好地同当地的人们相处。善良的邻居坚持要来拜访这位孤独的陌生人，然后邀请他回访、喝酒，那当然是非常快乐和友善的，但这干扰了他的工作。在他后半生，笛卡儿是如此地沉溺于对知识的渴求之中，他没有时间去浪费在日常生活的礼节。

　　首先，笛卡儿去了弗拉讷克，弗里斯兰省的一个小镇。在那儿，弗里斯兰固执的加尔文宗信徒已建立了他们自己的一所大学，以保护他们的年轻人不被在莱顿、牛津和乌得勒支等大学里公开讲授的自由学说侵蚀，并保证他们在健康的加尔文教条的范围内生活。如果那些固执的头脑发现他们优秀的牧师也产生了动摇，并保护着笛卡儿主义的发明者的话，他们由此而产生的震惊不会次于田纳西大学的信仰者发现一位名叫达尔文的年轻人在他们大学的一个系里讲授自然科学的情景。尽管笛卡儿是在弗拉讷克完成他的不正统的作品《作为思想指导的原则》，但他还是非常小心地保

古老的荷兰城市具有哲学家们渴求的平静的尊严

持着他的思想不受外界影响，并从不表明他正在研究的课题，因此他从未受干扰。

完成这部作品后，笛卡儿来到阿姆斯特丹。他并不像我们会想象的是去找出版商，因为这部书一直到他过世后半个世纪才出版，而是使自己投身到大城市那能享受到彻底孤独的环境中。

笛卡儿在现存一封信中描述了他的新居。以后我会讲给你听。一个世纪后有位法国人这样向荷兰人抱怨道："你们的城市使我想起了古埃及——大理石的宫殿都像是为奶牛建的。"而笛卡儿比这位法国人讲好话更多一些。在笛卡儿的信中找不到任何一点法国人特有的机智的踪迹。他只是感激那些好客的人们，因为他承认为了给他一个和平安静的环境写作，荷兰人必须辛勤地工作。他们保持有一支相当规模的陆军和海军，当他钓鱼或思考问题——十分适合他的主动和被动生活时保护他。

在阿姆斯特丹住了5年之后，笛卡儿突然离开首都前往代芬特尔——伊拉斯谟上学的小镇生活。在那里，笛卡儿把"实用哲学"和他的数学研究结合起来。因为在代芬特尔，他做了父亲，但不幸的是，那孩子在5岁时就死了。但即使没有这不幸的事件，笛卡儿也会找到令他忙碌和感兴趣的事情，1633年是值得所有科学界人士牢记的一年。这是伽利略和宗教法庭冲突的那年。

早在16年以前，宗教法庭就认为有必要警告知识界人士不要对极端可疑的波兰人尼古拉斯·哥白尼的著作太感兴趣。他在70年前写了一篇专题论文，认为太阳可能是宇宙的中心，而地球则不是。这当然和《圣经·创世记》是相对抗的。自那时起（哥白尼不敢发表他的理论，直到他知道将不久于人世时才正式发表）世人都接受了这一理论，就像在哥伦布时代所有明智的人不再相信地球是扁的一样。尽管这样，坚信事实是一回事，敢于公开表明又是另一回事。伽利略现在就因一个新的、甚至是危险的科学学说而陷入困境。他的数学和天文学方面的同行们会出来勇敢地站在他这一边，公然同教会对抗吗？

只有很少很少的几个人这么做了，而且很遗憾，笛卡儿不在其中，尽管他处于很理想的境况扮演新思想的倡导者。他在经济上是独立的，而且只要他待在荷兰，就没有人能碰他。有案可查，没有一个祈求留在该国的难民被提交给教皇、帝王或宗教法庭。外来人员不能参与当地的政

在那些平坦的草地中，笛卡儿可以一边钓鱼一边思考。

治。只要他们明白这一简单的规约，他们就是安全的。事实上，他们也明白这一点。

当笛卡儿被迫做出选择，决定他是宣布支持还是反对当时处于宗教法庭"保护性拘留"的伽利略时，他没有明确表态，并且，他从此表明思想时比以前更加谨慎，以保证他写的东西没有可能被解释为和《圣经·创世记》第一章内容有直接的对抗。

这好像和如此伟大的人物不相配，但是他这样做也许有他的理由。他在生活上有目标，一个比他自己更伟大、甚至比其他一切事物都要伟大的目标。他要把他所知道的全部写进名为《世界》的书中，而且按原计划，他准备接受哥白尼的理论，作为既定的事实和他发展天文学理论的基础。但笛卡儿始终没有按原先的构想完成这本书，所以我们也不可能知道他最终是真有勇气同教会对抗呢还是会做出某种让步。但有一点是肯定的——他想写这样一本书，并把他对有关目前争论最激烈的问题的最终看法都写进去。对这个问题我们最好还是就讲到此为止。

同时，他又开始遇到老麻烦。在他周围有那么多的人，无法让他安静地工作。他只好再一次背起简单的行囊。这次，他移居到了乌得勒支，他的一个学生在乌得勒支大学任教授。

到了那儿，他发现新教徒在搜寻邪说方面和天主教徒相比绝不逊色多少。这并不是说他在人身自由上遭受到了直接的干扰。不管加尔文宗的牧师们是如何刻薄地激怒这位外来者，不停地问他这是什么意思，那又是什么意思。不过当地的行政官们总会保卫他，保护他的权利。尽管这样，笛卡儿讨厌冲突，他又偷偷地移居到莱顿（17世纪的哈佛）。众所周知，那里的气氛是十分自由的，他肯定在那儿会有个好环境的。

就在1636年到1641年他住在莱顿期间，他发表了《方法论》的第一部分，而他后来在形而上学领域里的研究都是以《方法论》作为基础的。

你到过雷恩斯布尔格或恩德盖斯特吗？我曾到过那儿。它们是位于莱顿附近的小村庄。尽管他们在荷兰历史上起过很重要的作用，但它们看起来和荷兰南部的其他大部分村庄没什么两样，而且很少有人知道它们的名字。在中世纪，它们是荷兰最富裕的地方。在宗教改革运动中，他们受到压制，村庄和属于教会的土地全部被荷兰当局接管。当局通过一个委员会来管理他们新获得的这片土地，就像华盛顿市受国会指定的一个委员会管理一样，这两个村庄受海牙中央政府直接管辖。从地方政治方面来讲，这是难以忍受的，但这对正在寻找一片安静地方的笛卡儿来说真是天赐的好地方。在那儿，他可以按自己的意愿生活和写作，并且不必向那些根本就不知道有学问的人在谈论什么，而且从未读完《圣经·申命记》第三章的人作解释。

雷恩斯布尔格和恩德盖斯特以前是小村庄，现在也没有多大变化。但它们将和笛卡儿、斯宾诺莎的名字联系在一起，永远留在人们的记忆中。我亲爱的弗里茨，我们的祖先并不十分相信民主、平等和博爱，但一旦自由来到现实中时，他们就毫无保留地接受了。斯宾诺莎有权按他们乐意的方式去讲、去想、去写，如果牧师们也能记住这一点的话，那将使那些贵族阶层的人们大为欢悦，并可免去教士们的许多麻烦。

从笛卡儿的信中可以知道，他在荷兰省的这个地方度过的几年是他一生中最愉快的岁月。天空中彩云变幻无穷，草地上安静、舒适，使他可以静静地思考。还可以去河边钓鱼，去思考生存的奥秘。当他想去看望朋友的时候，可坐上船去阿姆斯特丹、莱顿、哈勒姆或者去海牙，同朋友们一起度过几个小时，当天晚上就可回到家睡到自己的床上。当遭到附近城

笛卡儿再一次背起简单的行囊

市的牧师的攻击时，笛卡儿就暂时撤回，他知道雷恩斯布尔格是他的避风港，而且海牙的达官贵族们是不会出卖他的。当时，"敌人"不只是实实在在地存在着，而且已变得非常活跃，最后他们甚至公开反对这个危险的罗马天主教徒。他们害怕笛卡儿在申明他是自己教区的一个忠实仆人的同时，可能会（如果有关他作品的传闻是正确的话）对已建立起来的教会的秩序造成混乱，他甚至可能会比跟随讨厌的米歇尔·塞尔维特的12个异教徒造成的损失更加巨大。塞尔维特在科学的幌子下攻击宗教。尽管真理胜利了，但这位知识渊博的先生还是被活活地烧死了，而命令不是别人，正是约翰·加尔文下的。

在某方面，恐怕自笛卡儿时代以来未发生多大的变化。这位法国人坚持走自己的路，十分礼貌但又非常固执地拒绝同任何邻居交往，固执己见，不接受任何拜访但又源源不断地收到各种各样的有名望的人物的来信——不，他不可能永远是他自称的那样。对他只能用阴险的、周密计划的阴谋才行。公开攻击他是十分危险的，很明显，他受十分有影响力的名流贵族的保护。他曾在海牙法庭受审，但据说一会儿后，竟在指导波希米亚国王腓特烈五世的孩子们。腓特烈五世是在丢掉了在德国和波希米亚的财产后来到荷兰找到了避难地。

因此，笛卡儿已牢固地站稳了脚跟，用含沙射影的通常方法是无法干掉他的。对他进攻必须作周密的计划。1639年，一位名叫富提乌斯（本名吉斯伯特·富特）的人做到了，他是乌得勒支大学的校长。他用间接方法发起进攻。一位同伴的去世给了他机会。在悼词中，他提到死者为一生中有勒内·笛卡儿先生这样伟大的朋友而感到骄傲。当然，人已死了，无法再去批判他，但可能在他的同事中与这位外来的天主教徒有联系的还有活着的。这位天主教徒称他已把所学的所有东西都写进了《方法论》中，而这本书并未为他指明通向真理的道路，相反使他的头脑中充满疑问，因此，他觉得不得不去提出通向智慧的全新的途径——这条途径可以教会学生不要相信从别人的书中读到的任何东西，而只相信完全凭自己的感觉所能发现的一切。笛卡儿先生强烈主张的观点简单地说就是"眼见为实"，他坚持所有知识必须通过自己的调查和亲手实验得来，从而导致了怀疑论。

这一观点违背了当时人们接受的生活哲学。在那个时候，人们依旧信守着以下两句话所代表的古老的幼儿园的戒律："爸爸，为什么 $2 \times 2 = 4$？"

"因为是爸爸这样说的。"

所有长有耳朵能听见别人说话的人都能明白这位知识渊博的教授的话的意思。笛卡儿先生作为基督教的敌人而受到公开的指责。

我十分高兴地告诉大家，那些搜寻邪说的人们干掉他们敌人的企图再一次失败了。他们要求笛卡儿出席一个宗教会议，以审问他的学说。他拒绝了，并因此而受到无端指责。海牙当局向乌得勒支校方施加压力。他们放风称笛卡儿先生是他们的十分伟大的朋友，不得再对他有任何的冒犯。

从此之后，这位法国人就得以自由自在地思想和写作，并且得以全身心地投入到他自己制定的任务中去。他试图查明天地之间、生死之间的所有难题实际上是否都能归纳为一些基于原因的明确的法则，这些法则又是通过亲自调查发现的，而不是建立在一些古代预言家和五六本古书的权威上的。

在笛卡儿住在荷兰的20年间，他三次短暂地拜访了他的祖国。第一次回去主要是为了一笔小财产——一个优秀的哲学家也需要的基本生活保障。正如爱默生所说的，"思想家不应该去挖洞"。最后一次，他去巴黎，希望到一所地方大学谋个职位。但他到达巴黎的时候，被枢机主教黎塞留和他的继承者枢机主教马扎然激怒的法国贵族正开始卷入一场内战。

作为一个完全的、彻底的爱好和平的人，笛卡儿没有等战争开始就匆匆地回到荷兰。经过这次冒险后，他开始越来越感到不安。尽管对他学说的所有进攻都失败了，他生活在这些荷兰邻居之间不再觉得轻松。尽管没有谁打扰他，无论是思想上，还是肉体上，但他还是意识到他这段非同寻常的生活即将结束。1649年，瑞典王后为他提供了一个非常诱人的机会。她邀请这位杰出的笛卡儿先生到她的王宫去教女王陛下数学。他决定接受。

这并不是第一次有人请他离开荷兰，到斯德哥尔摩去，但在此之前，他都拒绝了。众所周知，伟大的古斯塔夫斯·阿道弗斯的女王十分果断，富有男子气概，并且十分聪明，但据说她十分怪癖。尽管这样，她还是一位十分真诚的王后。17世纪中期，皇家的尊严是不会被一位据说是在宗教领域里持有十分不一般观点的哲学家轻易改变的。

1649年9月，勒内·笛卡儿最后看了一眼荷兰海岸，乘上女王陛下特意派去接这位著名哲学家的船，经过一段不平静的航程，安全抵达瑞典，并来到官邸。他很快就明白了一切并不是像他所想象的。克里斯蒂娜女王并不想把著名的笛卡儿作为一个十分严肃的科学界人士藏起来，而笛卡儿十分反感把他作为一个聪明的怪物到处展览。

除了这一点以外，女王陛下还有一个十分怪异的习惯。笛卡儿像几世纪后的柏辽兹一样，是属于那种把床作为办公室的法国人，把书房、长厅和起居室结合起来，并尽可能多地在枕头间度过时间。而女王陛下则十分不同，她继承了她父亲早起的习惯，她要求她的私人哲学家在不可思议的凌晨5点起床至她7点钟的俭朴的早餐前上数学课。

而且，这位伟大的克里斯蒂娜还有另外一个甚至令人可怕的怪癖。她是个新鲜空气狂，并特别喜欢零下温度。试想一位一直抱怨荷兰潮湿的房间的法国人，从每年的10月初一直到第二年的3月底都要点炉子取暖的法国人，试想这位可怜的法国人被迫在早上5点钟，在斯德哥尔摩或乌普萨拉的某个阴暗的王宫的某个没有炉子的房间里，对一位并不十分吸引人的瑞典女士讲笛卡儿哲学——而且是在1月。

不用我来告诉你这一切如何结束。伤风——发烧——肺炎——死亡。在病了10天后，1650年2月11日，勒内·笛卡儿离开了人间。享年54岁。

既然大家喜欢总体印象超过客观事实，那么我就来大体上讲一下笛卡儿对世界——包括你和我的影响。但我又有点犹豫，因为我自己的生活哲学对我来说就像是我的手表对我一样。对于到底是什么使他们往前走，我一点主意都没有。但我又非常明白他们告诉了我什么。我充分意识到像伊曼纽尔·康德和巴鲁克·斯宾诺莎这样的人对我的思维方式产生的影响。但当我读上几行像《纯粹理性批判》这样的书或斯宾诺莎的《伦理

勒内·笛卡儿最后看了一眼荷兰海岸

学》，我就迷茫了。当然，这并不完全是我的错。这些书的作者有充分的理由使他们的作品模糊朦胧，不让他们的敌人轻易地理解。并且他们做得非常成功。

在中世纪，敢于用笛卡儿的直接、亲身观察的方法来研究自然的鲁莽的作家，常用剥制的鳄鱼皮从房顶挂下来，在墙上挂着甲鱼标本，在寒冷的冬夜，当他知道他的房屋在他的邻居的监视之下时，他会在火炉上撒上一把铜屑，这会使烟囱里冒出奇怪的火光，受惊的监视者就会匆忙溜走。他们会边跑边喊：屋里的人和魔鬼住在一起，最好离他远点！这样，他就可以回到他的研究分析和数学研究上去了，并至少可保持一年的时间不受打扰。直到有一天宗教法庭听说在他的家门口发生了这样的怪现象。拇指甲很容易就能使他坦白法官想知道的一切——那就是结局。

在17世纪，世界向前进步了一点，有意模糊思想这一原始的方法已没有必要，但朦胧的风格把文中危险的部分隐匿起来，还是十分有益的，如果作者想在自己的床上安静地结束一生的话。因此，据我所知，就连汉语语法也比十七八世纪的通常的哲学专题论文要好懂。

尽管如此，我还是能对理智的急先锋们想证实的一切有个相当清楚的概念，因此，我也理解为什么笛卡儿会如此成功，同时，他的学说为什么会在那些固执的人中引起如此大的恐慌。那些固执的人坚信世界已发展到再也没有什么值得讨论、值得怀疑和值得进一步证明的程度了。

静止的宇宙观同人类竞争一样的古老，我敢肯定洞穴人早已习惯于杀死那些对居住在潮湿和通风的洞穴中持怀疑态度的人，并且他们会坚持在芦苇丛的地下挖的洞，不仅能抵抗雨淋日晒，更能为孩子和老人提供一个更为健康、舒适的生活环境。

　　大家可能已注意到我有点走题，接下来我就直接来谈笛卡儿主义（整个笛卡儿哲学系统）对我产生的影响。

　　首先，它教会了我尊重人类的理性作为一切进步的开始和结束，而这进步是可以通过我们的不懈努力而取得的。只要我们有勇气去清除我们过去的垃圾，清理我们的头脑，并且一切都重新开始，让我们在我们亲眼所见和所观察到的东西来指导我们。这并不是说我没有意识到某种力量的存在，由于缺乏合适的字来称呼它，我就叫它"超自然力"。当我们在这个星球上度过我们短暂的一生的时候，我们应该停止依赖他们来指导只和我们的健康、我们肉体和情感的健康和我们的日常行为相关的东西。

　　笛卡儿对数学的钟情同200年后的日本画家葛饰北斋对画的沉醉程度不相上下。对葛饰北斋，我能充分理解和欣赏他在哪怕仅仅是一条线中所投入的热情。而要理解笛卡儿对数学的迷恋，对我来说却并不容易，因为对数学，我真是一窍不通。但他崇拜数学和公式的理由多少也使我明白一点。因为在17世纪，由于其论证的确定性和推理的明显性，数学成为当时唯一一门可信赖的科学。

　　因此，笛卡儿决定把"数学方法"或"推理方法"（或其他我们想称呼的）应用到每一个领域，而正是这才致使笛卡儿主义未能成为可行的生活哲学。当笛卡儿迈出这一步的时候，人类急需一个能把头脑置于心脏之前，论人类智慧在我们日常生活中发挥应有作用的一种体系，但最终，他的观点导致了现代试验的冷酷无情的一面，那儿不再有人类情感的空间。而这时，人类不再是人类，而已成为机器的一个零件。

　　你知道我最不喜欢笛卡儿的是什么吗？是他的懦弱。他从未养过狗或猫——更不用提孩子（因为他从未对他短命的女儿有任何的兴趣）——或养只鸟来陪伴他。假如在他独自漫游的时期，他能捡条温和可亲的杂种狗，养在他的屋里，并成为他日常的伙伴，那么他就不会写出"无灵魂"的低级动物这种荒谬的观点，他就会懂得每一种动物都有灵魂，都需要我们人类的爱护。

我们称之为灵魂的东西，是以无限少的数量存在的，我并不认为有关海胆（一种海浮动物）或者一种有毒的常青藤的文章会十分有趣。然而，只要那里有生气、有活力，那里就有灵魂——意识到存在，并带有自身的需求欲望和热情。就像上帝创造的任何生命都要呼吸一样，狗、猫和鱼全不是什么机械的东西，不像钟表准确地给人们报时，但他们不知道自己在干什么。

这一点，笛卡儿从未怀疑过。如果他这么做了，他就不会想出在我看来有点荒谬的准则——"吾思故我在"。由于当时对此没有引起严重的争论，这在解释生存之谜上实在不比叔本华同样隐秘的"吾愿故吾在"高明多少。理所当然，思想和心愿是生存的证据。那么为什么不再进一步，就说思想是我思想能力的证据，而和我的存在没有任何关系呢？

当夜读斯宾诺莎、笛卡儿、康德、尼采的书时，我问的唯一问题是这个人在我一生中能给我什么帮助，使我对我及邻居有最大的用处，而和我的良心发生最小的冲突。

我愿十分恭敬地感谢笛卡儿，感谢他为人类作出的巨大贡献，他坚持——至少在客观世界——唯见是实。我略去了主观世界，因为那超出了我研究和感兴趣的范围。

当然，我也意识到，有许多人把笛卡儿作为他们唯一的导师（就像有人把斯宾诺莎作为他们唯一的老师一样），并且耐心地跟随他到极端的程度。尽管这样，我担心，我们中只有极少数的人能最终到达，因为在那大雪封顶的山峰间是十分孤独的，而且空气稀薄，令人窒息。寂寞让人害怕。只要在那冰冷的高原上走错一步，就会终成遗憾。亲爱的弗里茨，你和我，作为生活在平原上的人，我们只能偶尔拜访一下笛卡儿主义这座高山，我们可能决定偶尔去瑞典山区换换空气，就匆匆回到故土，心情愉快，精力充沛，然后重新开始那死气沉沉的生活，但非常高兴我们又回到了熟悉的环境。

接下来我要讲的有关那个友善的、单纯的、可爱的拉尔夫·沃尔多·爱默生的故事与此迥然不同。据我所知，他只有一个缺点——嗜烟成性。伏尔泰也是一个大烟鬼，但他抽哥本哈根的大鼻烟抽得非常优雅、非常有风度，而康科德的这位智人却连他的长袍都穿不整齐，他的家人也觉得要他在年度旅行布道时穿得整洁一点、优雅一点都是十分困难的。而在他一生的绝大部分时间里，他是靠布道谋生的。

这位高贵的市民，就像所有刚出生的婴儿一样，于1803年5月25日不带任何心机地来到世上。出生地为波士顿，马萨诸塞州的首府，它在赠予了新阿姆斯特丹206年后获得了城市权。

爱默生的父亲是牧师。他的七位直接祖宗都是牧师。在爱默生家庭不成为牧师就像生在罗斯福家庭而没有政治抱负一样的不可思议。所以年轻的拉尔夫·沃尔多去了哈佛（1821年）。在试着教了几年书后，他讨厌教书，就回到剑桥，学习神学，并在1826年取得了牧师资格。

同时，就像他在一本书里指出的，许多耶和华的追逐者已陷入18世纪哲学的自由思潮之中，并走向唯一神派，他们只相信圣父，而忽略了三位一体中的圣子、圣灵。

没有其他任何团体曾如此刻苦、如此虔诚地跟随过耶稣的足迹。用他们的敌人的话说，他们唯一的麻烦是做过头了，并且变得如此像基督，以至于不再适合做一个普通的基督教会的成员。

唯一神派以《圣经》为其信仰基础，而且只相信《圣经》。他们坚持他们有权按他们乐意的方式去读、去理解《圣经》。但他们兴奋的同时也负责任地要把这一思想适用到其他每一个人，并且自从他们作为一个合作团体存在以来，他们就一直属于最勇敢、最无畏的人类自由的战士。

要对此追根溯源是十分困难的。我试着在我的名为《宽容》的一书中做到这一点，但未能深究。有一些唯一神派哲学的模糊踪迹。匈牙利的新教徒曾发起过唯一神运动，还有波兰各地，但在17世纪都被及时地压制下去了。那个时期，荷兰也出现过唯一神论。在英国，1662年有2000多名有唯一神派倾向的教士被剥夺教职。但这种粗暴的、不公平的待遇就成了其存在的原因。现在，这次大清洗的牺牲者被迫联合起来，虽然三位一体的思想在当时仍占据着绝大部分人的头脑，但他们要让世人知道他们的存在。

唯一神派完全反对老加尔文派和路德宗的救世、天生有罪、永久惩罚的教条，同时他们否认发生奇迹的可能性。最后，至少在一定程度上，他们开始对《圣经》是唯一给人类指明如何去过上高贵和像样的生活的书这一观点失去信心。他们开始建议其他的书，或其他作品的一部分（如《双城记》的最后一章）同《圣经·旧约全书》中的许多故事一样正确地体现了人类灵魂的永恒的神性。

我可以自豪地讲，我们古老的哈佛很早很早就开始坚信唯一神论，并把其校训Verieas译为"证实所有的东西，对证明是对的就要坚决地坚持下

爱默生

去"。而且哈佛始终坚持这一条。就这点，整个共和国应该感激哈佛。

新英格兰的偏僻落后的教区当然十分反对这一新的学说。他们指责唯一神派为自由主义，1794年当约瑟夫·普利斯特莱从英国来到这新世界创建第一个唯一神教区时，他没有受到热诚的欢迎。优秀的牧师根本就不用愁。唯一神派从未成为一种大众化的宗教。纯从数字的角度来看，唯一神派是一个彻头彻尾的失败，即使是今天，全美国还不到15万名唯一神的信仰者。

幸运的是，宗教不像生铁和花生。它可以肯定地用数学术语来表达，但这种术语就精神而言没有丝毫的意义。尽管这样，如果你还是想知道唯一神论对人类文明产生了什么影响，你只要打开《美国名人录》这本书，看看信仰唯一神者的数量，你就会发现我们军队的许多职员都直接或间接地对和唯一神论运动有联系感到骄傲。

现在，我们再回来谈拉尔夫·沃尔多·爱默生，对于他，我只能非常简单地讲一下，因为他的生活就像那条他在岸边度过了他绝大部分时间的河流一样平静，他的经历缺乏壮观的场面。

24岁那年，爱默生结了婚，29岁就成了鳏夫。那时起，他对他的全体教徒们变得非常礼貌，但又十分不和谐，他愿意去参加圣餐礼，但只是作为一种精神上的回忆。他的教徒抱怨他有点太不像话。牧师们也看不惯他。他们坚持他们的意见，而爱默生只好退却。这意味着他不再是牧师，而只能作为布道士。但从那时起，整个世界变成了他的教区。

爱默生是一个对规范有独特感觉的人。他生活的第一幕已降下帷幕。在第二幕开始之前，还有一段短短的间隔，因而他乘船来到了英国。在那儿，他和坏脾气的托马斯·卡莱尔成了忠实的朋友。这真是非常奇特的关系。这个苛刻的苏格兰人有严重的胃病，而爱默生在战胜了年轻时得的肺结核后一直过着宁静的生活，好像没有什么能打破他身体和灵魂的平衡。

尽管这样，这两个人，又有完全的互补性，他们一直到生命的最后一刻仍保持着诚实的通信。他们具有一个必定令他们很满足的共同的纽带。他们都相信人类的进步取决于领袖人物。由于臭名昭著的希特勒和墨索里尼的有关纳粹和法西斯主义的谬论，生活在今天的我们对任何领袖都变得极端的怀疑。我们甚至开始否认（自古以来人们就清楚）没有头领的军队（或军舰、或工厂、或医院，甚至一个日常家庭）会变成一群流氓。但爱默生和卡莱尔——两人都不是蠢蛋——知道他们的历史，有服理的勇气。

我经常碰到这样的人，当他们听我这样谈论的时候，告诉我也受到纳粹挫折的影响：上帝啊！我憎恨所有和统治民族（Herrenvolk）这一荒谬的理论相联系的东西。如果那些送货的男孩和理发店的助手似乎一穿上棕色的皮靴就成了绅士，而且还希望他们来重建一个新世界才不管怎样，他们将对人类造成巨大的灾害，除非我们依旧信仰自由、停止有关谁来当我们的领袖的和我们应该注意听阿尔伯特·爱因斯坦的意见还是听为他打扫房间的勤杂女工的意见这两个问题的争吵。

我喜欢爱默生，他在一本书中凭记忆给伟人下了个定义：伟人就是不让我们想起其他任何人的人。我不知道他是否还坚持这一观点，因为那会把希特勒也包括进来。但愿此事没有发生。

爱默生回到美国后，和母亲一起住在康科德的牧师住宅里。为了维持生存，他继续布道，在两年后的1835年，他再次结婚，在老家的附近建造了自己的房屋，并成了康科德十分显赫的居民。他不再同意他朋友梭罗的观点——哲学家只需凭甜甜的表情维持生计。他在自己的农场试过这种方法，并得出结论：当人干了一整天的活，晚上回到书房，用因挖洞而满是水疱的手来握鹅毛笔向笔记本吐露思想是很不合适的。

当爱默生选择布道士这条路的时候，布道还不是十分复杂的事情。布道士还没有被宣传为高明的演说家，只需从芝加哥到迈阿密，又从迈阿密到西雅图，来回穿梭，全然不顾身体的承受能力，两眼只盯着票箱。在半个世纪的时间里（爱默生几乎活到80岁），这位布道士从容地在这片土地上南北来回游说，用其三寸不烂之舌宣扬物质和精神的独立，催促听众亲身试验，一旦通过试验证明是正确的，就坚信不疑。

有一次爱默生讲得比平常更加直接了一点，加尔文宗信徒就试图激起听众来反对他。例如1838年，在一次著名的演讲中，他指出基督教徒的一些不足之处，并请求听众不要跟随他们，并直接同上帝接触，他的话引起了新英格兰教堂的牧师、管理者和信仰者的强烈抗议。

爱默生被要求对他的观点作进一步的解释，但他聪明地拒绝了。他觉得他有资格受到一个由与他同等的人组成的陪审团来审判他，而那些贬低他的人是很难合格的。教区的牧师们发现爱默生十分高傲，高傲得令他们不可及。于是他们就像一群无法激怒的大狗同它们斗的小狗一样，向他狂吠。这位康科德的哲人终生遭受指责，要求他放下架子，到人群中去，让人们看看他到底是否真是用不同的泥土做成的。

就这样，再次引发了著名的有关所有的人都是由同一种泥土做成的这一事实的古老的争论。当然我们是的，但我们不应该忘记，在米开朗琪罗或罗丹的手中，那块泥土可能就和海边孩子们手中的泥巴不一样了。

另一个指责是爱默生喜欢他自己活动圈内的人，我想这完全是对的。在一屋子和他没有共同点的人群和他的几个好朋友两者中选择，毫无疑问，他会选择后者。尽管他不太爱他的教徒，但他十分尊重他们的观点。既然他不可能不停地催促他们，但他始终在努力为他们指明一条生活和思考的更加好的、更加愉快的、更加合理的道路。如果只有这一点就让我们来反对拉尔夫·沃尔多·爱默生的话，那么我倒想把这作为他是我们共和国到目前为止出生的最高贵的市民之一和真正"有代表性"的美国人之一。

正如我刚说的，爱默生几乎活到了80岁。他是个勤奋的人，他的作品很多，但他不能与伏尔泰和其他一些致力于让人们为自己着想的作家相比。

　　爱默生觉得他有资格受到一个由与他同等的人组成的陪审团来审判他，而那些贬低他的人是很难合格的。

他对他的劳动满意过吗？这很难说，但我偏向于他从未对他所取得的满意过这一观点，无论是在散文方面，还是在诗歌方面。他起初把自己当作诗人，但他非常清楚地明白他作为诗人的先决条件不存在。他缺一个耳朵。诗歌是一种语言型的音乐，而音乐不只是新英格兰的早期殖民者享受的那种艺术。爱默生写诗就像某些有自知之明的波士顿人学弹钢琴一样，只是他爱弹其他的，而他们也知道能学好，但他们忽视了那些从俄国或波兰来的钢琴家，他们在开始学的时候早已具备了连他们自己也从未希望获得的天赋。

爱默生意识到了他的障碍。他知道帕纳瑟斯山坐落在哪儿。他还不时地有机会从远处欣赏山的雄姿。但缪斯从未邀请他喝上一杯醇酒，然后到草地上跳上一曲。而他也刚巧是想得开的人，他从未因错过这么多的好时光而有丝毫的遗憾。他是新英格兰的一位绅士，而他的妻子说不定还不同意这一点。还有他的邻居也一样。艺术是一种危险的娱乐，因为它可能会使人想入非非，如果一个人能从感觉的角度接近艺术的话，那该是多么美妙的生活啊！

康科德是过日子的非常好的地方，它能为人们提供在萨尔茨堡和维也纳无法找到的某些优势。例如，如果你的房子被火烧了（像爱默生那种情况），你的邻居们会为你重建；当你年老了，变得糊涂了，甚至不知道你是谁、你住在哪里了，陌生人会友好地拉着你的手，并安全地把你送回家。而这些小小的事情和那些不是假想中的礼貌可以化成许多许多其他的事情。这一现代雅典即波士顿善良的人们也因此而得福。他们不可能都十分清楚地明白他们的这位圣人在试图向他们传播什么，但至少他们不会把他钉在十字架上。

康科德还在那里，而且比有名的欧洲圣地保留着更多的古老魅力与风味。在康科德河的岸边，人们可以找到一块可坐的地方，静静地思考美国的奇特命运。

那里有爱默生笔下的早期图画——一个柯利尔与艾夫斯出版的美国图画——宽广无垠的大地、草原和森林，似乎拥有足够的食物来喂饱地球上所有饥饿的动物。那里有一群自我奋斗者居住的小村庄，其中每个人都被用一种激情激励着，他希望给他的孩子提供一切可能去接受的更好的教育，以便使他们像普通美国人那样走过一生，发挥他们的最佳能力，并对生活中真正有价值的事情感兴趣。这些不慌不忙的人们依然渴望友好相处，难道不是每一个人都是一个真正的朋友吗？他们依然竭尽所有的可能和力量去充分利用他们的机会，因为这是他们作为一个民族中一员的责任，这一责任受到了上帝与自然的赏赐，并已遭到了这个星球上所有其他国家人民的嫉妒。

接着爆发了内战，柯利尔和艾夫斯的图画不再是我们的象征，许多函购商行里的画还在老地方挂着，而古老的有明确命运的理想逐步被新的理想所取代，这一新的理想使得敛取物质财富成了所有人从头到尾的一生追求——同时命运却无法知晓。

这一指责（我肯定不是第一位作出这一指责的人）一直在欧洲知识分子中间非常流行，这些欧洲人（除非他们去好莱坞或者去纽约大都会演唱）总是一边指责美国的"拜金主义"，一边喝白兰地酒。作为一名移民，在无休止地诋毁我们的国家志向时，我要比我们土生土长的美国作家在某种程度上具有更好的观察能力。我发现，我们现存的文明被求富的欲望、不计任何代价的求富欲望主宰着。不过，一说起这个话题，我倒喜欢用"欧洲人"这个词来代替"美国人"，因为很明显地，如今新的移民浪潮正向我们这边海岸涌来。

为了追求所谓的"生命中的美好事物"（天知道为何！）而发生的最糟糕、最不应该的抢劫可在最近的移民中找到，却不是在过去的开拓者中找到，这倒不是说早期的新英格兰人和弗吉尼亚人不想去获得一枚纯洁的或者不纯洁的硬币。他们长久地生活在贫穷之中，不会赞同阿比·马丁所说的"如果贫穷不是丢脸的事的话，它跟富裕一个样"。不过，他们当中的大部分人来到美洲是为找到一种在精神上比旧世界更快乐自由的生活。在他们后面跟来了一帮饥饿的农民和居住在贫民窟里的人，这些人来到新世界仅仅是为了生活过得好些，而对那种快乐、舒适的生活方式并不感兴趣。他们就像一群饥饿的牛，终于找到了一块茂盛的草原，在它们那种可以理解但不很诱人的获得他们该得的份额（也许就一点点）的欲望驱使下，它们会吃掉它们脚下的草。

在这场掠杀中的第一批受害者就有我们可怜的国鸟。古老的美国鹰及时发出了不平常的鸣叫。不过，这是一种有勇气的动物，那些懂得其语言的人知道，当其拍打着翅膀、自豪地宣布自己为世上所有受压迫者的保护人和首领时，意味着这是真的。

新来者尽管在我们这块土地上已没了根基，也会立即不停地积极谋求成为这块土地上整体中的一员（正如新英格兰人做的那样），他们对美国要旨并不感兴趣。一旦在他们那间说着多种语言的屋子里比在旧世界里吃得好，他们便不会提出什么问题，也不去麻烦地等待答案。他们或许模糊地听到过，在其独立进程中，这个国家（至少从外表上看，他们有了自己的国家）有着荣耀的命运。但是，命运并不能立即转变为有形的好处，似乎比手中拿着的现实东西要次要得多，这一现实的东西就是掠夺这块土地（不要与真正的开拓相混淆）——然后欢闹。

爱默生是否注意到了他那可爱的共和国面临的这些变化，很难从他的书中得出结论。他的信件显示，他无疑对于美利坚合众国出卖了其长子继承权以换取几桶浓汤这样一个事实毫无察觉。但是，他已经太老、也太疲乏，不能加入一小部分勇敢的人中，走上战场，与那些这块普通土地上的真正敌人、那些为了自己的利益而抢劫这个国家的人进行斗争。接下来，我们可能不得不寻找他在这方面的明显无知和漠不关心的原因，一位伟大的现代哲学家称他为"宿命的乐观主义"。

每一件事在所有的可能中最终会是最佳的，在这一感觉上，爱默生并不孤立。绝大多数他的同时代人持这一观点。这是他们在遗传方面的一部分。从美国这个词还只是象征着"希望"与"富裕"的时候就开始传下来了。

我要说，爱默生去世的那年，我正好出生，所以我享受到了与他在同一个星球上共存三个月的特权。想起来，我就很高兴，至少在短时间里，我有幸与这位用心而不是仅用脑子来写作的人擦肩而过。

我们需要两种不同的哲学家，以便保持一种理性的平衡。因此，我亲爱的朋友们，到星期六，在同一个屋子里，我们将同时见到一位心灵的预言家和一位智力斗士。我希望他们能喜欢这顿晚餐。晚安。

星期六天气特别好，10月难得有这样的好天气。我一直在为伦勃朗获准由破产银行法定离开而奔波。我发觉我们从未为他做过这类事，感觉到应该为他做点补救。从纯法律的角度来讲，这件事是可行的。我在米德尔堡的律师是非常优秀的，这完全是极简单极简单的事，但荷兰法庭在试行一些模糊的限制法令，并尽力使我们放弃此事。所以我整个星期几乎都在和我的朋友海耶斯博士忙这事，海耶斯博士几乎推掉了其他的所有事务，来全力帮助伦勃朗从困境中解脱出来。当周末到来的时候，我像往常一

在这场掠杀中的第一批受害者就有我们可怜的国鸟。古老的美国鹰及时发出了不平常的鸣叫。不过，这是一种有勇气的动物，那些懂得其语言的人知道，当其拍打着翅膀、自豪地宣布自己为世上所有受压迫者的保护人和首领时，意味着这是真的。

样，十分疲劳，为了在客人来到之前可以呼吸一下新鲜空气，我沿着弗鲁文普尔德道向海边走去，刚走到一个旧米厂时，有个很不常见的景象吸引了我。

星期六，我们的捕虾船队从不离港，所有的船员都回到他们在阿讷默伊登的家同亲人共度周末。而我看到一艘小船正向斯海尔德河河口驶来，我十分惊奇。更使人感兴趣的是船上没有标着"VE"或"ARM"字样，这说明这船不是我们港口的。

一会儿后，我认出了船上写着"ZA"，因此，这船一定是从荷兰北部的赞特伏尔特村来的。我们一年到头都看不到一艘荷兰北部来的船，因而这是不寻常的事，我在想这船大老远地来这里，船上装的到底是什么呢？又过了一会儿，船靠了岸，虽然是涨潮时候，但熟练的船长还是毫不费力地把客人送上了岸。船上的客人穿着奇异的衣服，和船长挥了挥手，转身向我们的村庄走去。

到现在，我已熟悉了我们的客人赴约的不寻常的方式。因此，我一点也不奇怪。这位陌生人不会是别人，正是勒内·笛卡儿先生。为了确切地证实这一点，我用标准的巴黎语向他打招呼，并问我是否有幸同伟大的笛卡儿先生会面。这位新来的客人左手拿着短斗篷，另一只手摘下帽子，向我微微鞠躬，说道："正是我。"他是勒内·笛卡儿，他对我远道来迎接他表示感谢。

我向他解释，这一点也不麻烦，并且马上就带他到我们家去，以便他好好休息一下，尽快从旅途的劳累中恢复过来。同时，我还告诉他当我看见一艘赞特伏尔特的渔船驶向这儿时，我是多么的惊讶。

"是吗？"他答道，"那么你发现了什么？是偶然发现的吧！我们很少有机会重新经历我们曾感到——幸福的场景——不是我在这儿感到不高兴！"（这话我已不知听了多少遍了），但我想要是能再看一看我曾经在那儿度过了无数幸福时光，并在那儿完成了我的最好作品的迷人的村庄，那该有多好啊！"

我说恐怕他会发现这里已发生了很大的变化。

笛卡儿停下了脚步。实际上，这些村庄已完全失去了原先的美丽和魅力。

"是的，"我说，"村庄里已取得了很大的进步。"

"先生，如果这些我不得不忍受的算是进步的话，"他答道，"那么勒内·笛卡儿就该对瑞典女王陛下的小气，只给他提供刚够热的书房而感激她了。真的太糟了！糟透了，真是丑陋。"

我们并肩走过了护城河上的吊桥，走在150年前拿破仑命令构筑的防御工事之间。那时，费勒是拿破仑希望用来攻击英国的港口之一。笛卡儿对他所看到的一切十分感兴趣，"这些防御工事构筑得十分巧妙，"他对我说，"比我们那时候造的要好得多，先生，你可以记住，我过去常做这种事。"我告诉他我熟悉他在这一领域里花费的岁月，而且我常去布雷达市。

"啊！是布雷达市，"他兴奋地说，"正是在那儿，我通过显示法国人也懂数学，使你们的一个乡村小伙子非常惊讶。"

不久，我们就回到了我家。吉米坐在火炉前，膝上放着一本美国最新出版的杂志。我指着一间亮敞的房间，对他说："笛卡儿先生，在那儿，你会发现许多您作品的首版书。"

"我很高兴看见他们。你们的出版工人对我真是太好了。"

我记起不能让他进去。我们达成共识，客人将只进入接待室，但我向他保证，只要我们一到目的地，我就会叫人把那些书带给他的。由于现在就去弗里茨的家还有点太早（才7点差一刻），我建议我们漫步到港口的尽头看看。在那儿，我可以领他去看看他在阿姆斯特丹、莱顿和雷恩斯布尔格长期居住期间所熟悉的建筑。

所谓的"港口大门"敞开着。我们走进大门，来到一垛女墙前，我向他解释，原先在港口的另一头也有一座像我们身后的塔，完全一样的尖塔，但战时它被用来装弹药了，有次被雷电击中，整个塔和一部分护城墙都被炸飞到海里去了。

"是啊！"笛卡儿说，"恐怕发明那种可怕的化合物的那个德意志修士给人类带来的危险远远大于好处。"他说这话时是漫不经心的，就像当今的科学家说阿尔弗兰得·诺贝尔在发明炸药，以帮助瑞典的农场主根除田间的石头和树桩时，其本意是好的，但如果他坚持研究工程学，而不是转向化学，诺贝尔可能会对人类造成更少的危害时的语气是一样的。

我非常想继续我们的谈话，但我们被一艘正驶向费勒的船吸引住了。这船似乎是从诺德来的。

"是另一位来访者，"笛卡儿问道，"怎么在这么晚来？"

"令我最惊奇的不是这个，"我答道，"但两岛中的任何人都会等着坐7点钟的渡船，只要5分钟就可以到这儿，并且花钱更少。这将花费他至少半个小时和荷兰盾或更多的钱。"

"可能他在赶时间。"笛卡儿说道。

"即使这样，他也是在冒险，现在潮水很急，只有一个船夫，他随时有可能被掀到海里去的。"

船笔直驶向我们的码头，我能看清坐在船尾的人。我对那长长的老鹰似的鼻子和那肩毛十分熟悉。他就是拉尔夫·沃尔多·爱默生。

"你认识这个人吗？"笛卡儿问我。

"是的，我认识。当然只是从他的照片上认识的。他去世时，我来

那个人看上去像勒内·笛卡儿先生

到世上才几个月。今晚，他同你一样是我们的客人。他是美国人，名叫爱默生。"

"我不认识他！"笛卡儿在这两字里注入了一种异样的情感，他希望借此表示他不只不认识爱默生，而且他一点也没有见他的兴趣。

这多少有点伤害了我，我正想回敬他几句，除了法国人，其他国家怎会有人写出好书或者说——思想，但我猛然想起了笛卡儿在爱默生出生前一个半世纪就离开了人间，所以他根本就不可能听说过爱默生。

一会儿后，爱默生的船工就向我们喊起来了，"嘿！伙计，过来帮个忙，帮这位先生一把，把他拉上岸。他似乎有点不太灵活——好像是风湿病之类的。而且谁付钱呢？他说他没钱，但他非常讲信用，我就决定冒这个险。"

我告诉他，如果第二天早上能到弗里茨·菲利普家去的话，我们会加倍给他报酬的。他一下子就改变了态度，而且变得十分兴奋，"噢！"他说，"他是菲利普先生的一位朋友？！那就不用了。"然后，我们俩一起帮助这位康科德的智者落脚到维尔的土地上。

"他真是一位非常友好的市民，"他说，"非常遗憾我不能酬报他，我来时迷路了。恐怕我总是迷迷糊糊的，甚至找不到路，但我总能找到人帮助我，似乎这就是世道。"

这就是我在前面刚刚说过的"宿命论乐观主义"的一个例证，爱默生的许多同代人都具有这一特征。我也很想就这个主题谈论一番，但那时，我急于想弄清楚他到底是怎样找到诺德贝弗兰这个十分偏僻、彻底和大陆隔绝的地方的。从阿姆斯特丹旅行到巴黎或伦敦可能要比从阿姆斯特丹到这个小岛丘要容易得多。

在晚上我好几次想找出答案，但最终连他到底是从哪里出发到诺德贝弗兰的仍是个谜，真令人绝望。因而至今，这还是像当天晚上一样，对我仍是个谜。他连那天下午经过的几个地方都很难记清楚，但他一定是在路上想其他的问题了。他连一点乐感都没有，因而辨不清不熟悉的声音，最后我们只好放弃询问。我们的客人已到达了目的地，这才是最重要的。

现在已是晚7点多了，我领着客人匆匆赶往弗里茨的家。晚餐似乎是精心制作的，但爱默生错把我们的波尔多酒作为一种廉价的意大利酒，这使笛卡儿感到震惊，并要了第二杯。

至于交谈，并不像我们所预期的。我们将世上两位杰出的人物带到一间房里，但交谈一直很难活跃起来，就是伊拉斯谟似乎也无法为沉闷的空气注入一丝活力。

音乐也没有使我们的客人轻松一点。笛卡儿用刀切着面包片，在餐布上随意画着什么。而爱默生告诉我们宫贝尔的作品使他想起了他少儿时在波士顿唱的一些赞美诗。因此，我们叫海因·韦尔林德关掉唱机，同时叫他回去，让吉米把我刚好拥有的《哲学原理》、《方法论》、《人类的情感》等作品的首版书交给他带来。

不到10分钟，海因就回来了，这时奇迹发生了。笛卡儿轻轻抚摸着这些书籍，像是变了个人似的。他不禁喊道："我亲爱的孩子们！"我期望他会吻它们，但在他能这么做之前，沉默了一晚上的爱默生开始活跃起来。

"现在我明白了！"他带着出乎我预料的热情说，"我终于明白了！我一眼就能认出伊拉斯谟，但我从未知道另一位先生的名字。我十分耳背，而且不善于记名字，但现在我懂了。这位是著名的哲学家勒内·笛卡儿。"

笛卡儿一直都在尽量和爱默生避免接触。爱默生对他一无所知使笛卡儿伤心。现在僵局终于打破了，那以后，一切都和谐了，两个人像老朋友似的。

爱默生承认他对数学一窍不通，而笛卡儿对他说一个聪明的人应该因此而感到羞愧。"世上没有比这更加简单的了，"他告诉爱默生，"让我来教你。"然后他就讲起了坐标，用我们的桌布作为"黑板"。乔向我耳语说，他用铅笔画在桌布上的东西再也洗不掉了。伊拉斯谟听到了她的话，告诉她这张桌布可以任意要价卖给博物馆。这使她感觉好多了，转身就回厨房准备甜点去了。

后来，我也不知道话题怎么转到了概率上来，随后又开始讨论起下棋来。

"下棋？"笛卡儿说，"过去我常玩，但那是很久以前的事了。""我也是，"爱默生说，"我还是孩子的时候学过。我姑妈教我的。但我从未精通过。我70岁时玩得同17岁时一样糟。"

"先生太谦虚了，"笛卡儿说，"我们必须来一盘。"大家一致同意。我们刚巧有两盘棋，笛卡儿同爱默生下，我和弗里茨下。伊拉斯谟请求不参与。在他年轻时还没有象棋，后来，他觉得年纪太大了而没有再学。

愿墨非和斯泰尼茨可能永远也不会知道在费勒的弗里茨的小屋里，吃完晚饭撤走杯盘后所发生的一切。我想自从古波斯人发明推广象棋以来，从未有过像这样没有天赋的选手参加的比赛。弗里茨和我也都不比三流选手强。我们下棋只为娱乐，就像棋类冠军试图成为小提琴演奏能手作为娱乐一样。尽管这样，我们还是比我们的客人下得好。当交换棋伴时（爱默生显然不是笛卡儿的对手），我们羞于把他们作为对手。这就像和两个不太聪明的孩子下棋一样，我只好让着他。毕竟我不能在三步棋之内就打败伟大的数学家。只是到关键时刻，我才急忙调整战术。我又尽量拖延了30余步棋，直到笛卡儿说："先生下得比我好。最好我再和爱默生下一盘，那样我就可以又有一次赢的机会。"

既然我们的两位客人兴致还很高，我们认为不该打断他们，就这样，我们下了整整一个小时棋，这时弗里茨想起，我们还有一瓶好酒，建议我们到外面聊天。

接下来的时间，再次使我们失望，就像在用晚餐时我们经历的一样。现在，笛卡儿和爱默生都熟识了。他们不只是交谈。他们看起来像是闪闪的星光。

他们谈论些什么呢？

伊拉斯谟已给了他们话题：如果我们让人类智慧在和未知的自然界作斗争的过程中充分自由的话，我们的世界将会是什么样的？

我们的两位客人都充分地发挥了他们的聪明才智，我不再感到迷惑为什么巴黎大学和耶鲁大学的神学者们对两位圣人的教学是如此的不安。

如果他们通过个人的亲身经历和对真理的不懈追求获得的知识一旦在社会上占了优势，我们现有的整个社会组织将会就此结束，就像一座破旧的大厦被雷击中而塌下来一样。

午夜将近，蜡烛开始发出毕毕剥剥的声音，这是分别的信号。午夜的钟声响过最后一下，蜡烛灭了，我们的客人也消失了。

　　我们的两位客人都充分地发挥了他们的聪明才智，我不再感到迷惑为什么巴黎大学和耶鲁大学的神学者们对两位圣人的教学是如此的不安。

乔从厨房给我们带来了一盏灯，我们发现桌上有块古代的金币，在旁边有张字条，上面潦草地写着："这是给高明的厨师的。为了她忠实的仆人愉快地度过这良宵而辛苦她了——勒内·笛卡儿。"

05 曲终人散：最后一位客人 杰弗逊

我接到一份电报让我回美国，托马斯·杰弗逊成为我们最后的也是最尊贵的客人。

第二个星期天我们没有如往常一样一起吃午餐，弗里茨很早就去鹿特丹乘火车去柏林联系他开办公司的另一笔贷款事宜，他原打算下一个星期六乘到弗拉辛的邮车回来，但星期五他就出人意料地直接回到了费勒，也没按计划先去阿姆斯特丹。他从边境打电报给吉米，让她去弗拉辛接他；我们推迟午餐等他回来。他看上去显得非常不安，平时他可是个难得会为什么事情担心的人，我们都奇怪什么东西会使他如此紧张。他在火车上已吃过午餐，所以当我们享用牛肉片时，他只是边喝咖啡边讲他的经历。

"柏林真是一场噩梦"，他直截了当地进入主题，"我已料到会有所变化，但我从未想到会发生那样的事。"

"你是指那个叫希特勒的家伙将会掌权吗？"

"将会掌权？上帝啊，他已经上台了，再也没有反对派了，共和国气数已尽，它从未真正有过生命力，现在连最后的一点生命火花也被扑灭了。当然政府还存在，但政府现在一钱不值，如同一棵空心的老树。下一阵狂风就会把它刮倒。那个叫希特勒的人已不只是一阵风，他已成了一场暴风雨，不久还会变成飓风，一股来自地狱的飓风！"

"但我敢肯定，"露西听完最新消息后说，"事情还不至于那样糟，法国和英国决不会让他进入政府或夺得政权！"

"法国和英国不会动一根指头，"弗里茨回答说，"法国没有能力做任何事情。而且，什么是法国？法国在哪里？如我几星期前所说，英勇的法国已经消

▲ 弗里茨很早就去鹿特丹乘火车去联系他的业务了

失了，今天的法国仿佛就是一个由成千上万个精神空虚、心胸狭窄的鼠目寸光的花生贩子经营的大当铺。即使是这点小生意他们也是在喝过三杯班尼狄克酒，吃过六道茶的午餐给女朋友打电话约定晚上的幽会后才抽空做的。那些法国大兵一个个都穿得肮脏不堪，到处乱跑。如果明天就发生战争的话，法国连50架能上天的飞机都没有。法国将会投降，即使它战斗，也将在几个星期内被打倒。亲爱的露西，我很抱歉伤了你的感情，但法国已不再是值得让德国人担心的力量了。法国人还在为他们的民主大声叫嚷，但那所谓的民主已完全被出卖了，没有人会再相信它。"

"那么英国会怎样呢？"吉米问道。

吉米一直还以为今天的英国仍是吉卜林①笔下的大英帝国。"英国一定不会让德国发动另一场战争！"

"我亲爱的吉米，比起打仗，如今在英国当权的那撮人更愿意接受任何形式的妥协。那位据说将就任下任首相的永远带着他的雨伞的老糊涂虫只是个目光短浅的市侩乡巴佬。他父亲和他本人靠卖铜钉发了财，于是张伯伦一家开始被那些显贵的家族邀请做客，这对于这家伯明翰的铁器商当然是件了不起的事。每天晚上上床之前那家伙总是要先检查一下床底下有没有布尔什维克分子后才就寝。他和他的同流更害怕布尔什维克分子，而不是其他别的人。他们希望只要用（他们自称的）正确的方法对待纳粹分子，纳粹将转向东方去掐断邪恶的俄国人的脖子。这样英国就不用亲自动手，还可以继续照顾自己的钱包。工党将继续掌权，资本家处于社会的顶端，劳动阶级继续受资本家的剥削。"

我觉得该轮到我说些什么了。

"那么美国呢？"我问。

"关于美国，"弗里茨回答说，"你应该知道的比我多。你怎样想的？"

"我真的没想过这个问题。"

"有过20年前的经历后美国还会愿意介入欧洲的事务吗？"

"好像不太可能。"

---

①约瑟夫·拉迪亚德·吉卜林（1865—1930），英国小说家、诗人，作品表现英帝国的扩张精神，有"帝国主义诗人"之称。代表作有《丛林故事》、长篇小说《吉姆》、诗歌《军营歌谣》等，1907年获诺贝尔文学奖。

"这就又回到我的起点了，如果希特勒下定决心篡夺德国的权力，没有一个人会动一个指头来阻止他，伦敦和巴黎也许会装模作样地写几封表示愤怒的信了事，然后告诉他们的国民：他们决定接受这一不可避免的事实，而且人们不能希望永远将像德国这样的一个民族踩在脚下。然后他们就像什么事也没发生一样出去吃午餐，法国人吃得好些，英国人吃得糟一些，但他们都会喝很多的酒。希特勒此时正啃着几根胡萝卜命令人们制造成千上万的飞机和更多的坦克。"

"真有这么严重吗？"

"看了柏林发生的一切后，我只能说也许会更坏。"

"这是使你提前赶回来的原因吗？"吉米问。

"是的，当然同时也是为我的生意。我们在德国的投资将会如同石沉大海般永远消失。但我回来的主要原因是想告诉吉米和亨德里克别傻乎乎地等太长时间。亨德里克写了或说了太会引起我们的小阿道夫不高兴的东西，这会带来危险。请记住我们的小阿道夫可不会那么容易健忘。"

"你是指什么？"吉米本能地抱起小努德尔似要保护他免受某种可能的伤害，"照你说的似乎我们今晚就该打点行李离开这里。"

"当然不是这个意思。小阿道夫还要些时间来生产他的飞机、坦克和潜水艇，这期间德国人是不会去冒险的，他们当然明白他们不能经历第二个《凡尔赛条约》，开战之前他们还要两三年时间来准备他们需要的东西。当然我知道你们深爱着费勒，恐怕你们在费勒的日子就要结束了，纳粹分子一旦占领荷兰，你们就会像被扔进了炼狱里的雪球一样马上被吞噬。他们一定会这样做的，请相信这一点，他们会来的。"

"可为什么呢？荷兰人从未伤害过他们？"

"老天，别胡说了。纳粹分子才不会去管这些小事。他们早已把像'道德'这样的词从他们的新词典里删除了。他们需要弗拉辛做进攻英国的桥头堡，他们将在费勒建一个空军基地。一个粗脖子的纳粹分子将住进你们的房子，我亲爱的朋友。在去米德尔堡的路上我们将经过公墓，也许还会冲你们挥挥手并哀叹：'他们都躺在那儿，太可怕了！他们可都是好人！要是他们能及时离开该多好！'"

"也许你是对的，可我们就难办了。你认为我们该做什么？逃走吗？"

"当然不是。但你告诉我你的出版商希望你去美国出版你的《伦勃朗传》。你干吗不现在就动身去美国待上几个星期？其间吉米可以留在这儿打点行李。等到希特勒把一切都准备就绪最少还得要两年时间，这期间她会很安全的。但你最好还是承认，你在费勒的美好日子结束了。现在还不用着急，但我们应该面对铁的事实，并为将来风暴横扫欧洲之前的安全撤退做好准备。"

"可是你怎么办？你认为我们会抛下你一个人在这里，自己去美国过快快的日子吗？"

"谢谢你的关心，我知道你是这个意思。当然我也许有点太过于悲观，但从上周我看到那些事以后，我想没有谁会比我更乐观的，你们却不用为我担心，我不写书，不为公众注目，我开着我的小当铺，抽我的烟斗，看我的报纸，带米利和孩子们去兜风。同样，一回到阿姆斯特丹我就把我大部分的钱藏到任何纳粹分子也找不到的地方。如果我将来去美国找你们，也不至于吃穷了你们。

"我可以很好地留在这儿，我也不是让你们马上离开，你和吉米都不是那号人。我的意思是，美国那边为了出版你的新书需要你，你干吗不去做一次短暂的旅行呢？你可以在圣诞节到达纽约，2月就可回费勒，然后我们可以继续我们的聚会。其间我们可以更多了解将会发生什么，我们可以一直待在费勒，直到希特勒开战。然后我们乘第一艘开往英国的轮船。弗拉辛的快船带我们去英国只用不到五个小时。如果情况更糟的话，我们还可以在纳粹到达米德尔堡时乘海因的渔船离开。

"这些话听起来很伤感，但请不要自逞英雄，你们不可能独自战胜希特勒，英国法国也不会动一根指头来阻止他。我知道你们想继续同他战斗，但当他将九颗子弹射入你的身体时，一切也就完了。先从这儿消失一段时间，干完你的出版商要你做的事，然后再回来参加我们的聚会。再过两三年，等到那个穿灰色长筒靴的小矮子开始进攻英国和美国——这是他的梦想——时你就可以锁上前门，吉米抱着小努德尔，我们大家在纽约见面。但我们现在就得习惯接受这一事实，我们在费勒的快乐日子就要结束了！同时这也是世界任何地方的快乐日子的终结。协约国在上次大战结束时犯了一个错误，现在一切已太晚了，我们应该理智一些，欧洲的命运已被注定了。你走得越早，回来也越早。另外顺便问一下，下星期六你邀了谁来做客？"

"又是一个美国人，希望你不会介意！"

"一点儿也不。他们是我们最棒的客人。老本杰明·富兰克林是个高贵的人，他和那些孩子们在一起时真让人高兴。我永远忘不了乔治·华盛顿，真希望现在我们欧洲也有这样的人物来代替那些毫无想象力的钱商和股票投机商等平庸市侩之流，他们唯一关心的只是'洪水来时应该

晚宴邀请托马斯·杰弗逊 ▶

怎样保护我高贵的身体呢？'——噢，对了，你刚才说下一个客人是谁来着？"

"我想他大概算得上是最伟大的美国人了。"

"那一定是你的老朋友杰弗逊先生，他能来做客真是太好了！"

"我已着手写一些关于他的东西，大概明天晚上完成。但要说的实在太多了！"

"忘了它吧，关于他的事我非常了解。"

"怎么会呢？"

"去年春天你曾给过我一本书，作者是你的朋友，叫诺克或什么的。"

"哦，想起来了。那我就不用再给你啰唆了。"

"当然用不着，那本书正巧在我房间里，今晚还可以再翻一遍。"

给杰弗逊先生的宴会必须精心安排。虽说他入主总统府时从不拘泥于一切表面的礼节形式，取消了行政首长的"阁下"头衔，要求给高级官员的信件中抬头不要用"高贵的"等之类的字眼，甚至于给普通官员的书信中连"先生"都不要用，但他对自己日常生活的模式却是很挑剔的。他不抽烟，也不喝那些18世纪末期在殖民地很流行的烈酒，但他是一个鉴别葡萄酒的专家。在饮食方面，帕特里克·亨利对他的描述确切无疑——他在国外待得太久，早已忘了家乡的饮食而改为喜欢吃那些古时候的美味佳肴。

帕特里克·亨利说这句名言时带有讥笑甚至是鄙视的含意。杰弗逊有一种品质令如亨利之流的民主党人（说得更清楚些是那些两手不离威士忌酒瓶且爱吸鼻烟的人）总感到不快。因为不管这位蒙蒂塞洛的主人在个人情趣和

蒙蒂塞洛简朴的乡间绅士

行为上是多么简朴和正直，他们时刻记得相对于他们这些源于普通泥土的被创造物，这位弗吉尼亚邻居在智力和精神上则永远是一个真正的贵族。

事实上，一些与杰弗逊具有同等社会声望的人也有同感，例如亚历山大·汉密尔顿与其在内阁共事时对其深深地憎恶。但杰弗逊是"真实的"，汉密尔顿则不是。也许用这种方法来解释存在于两位大师间使其根本无法合作的对立有简单化之嫌。我想这同样是他们彼此真诚地憎恨的原因，他们两人的才能同样出类拔萃，可比起他们的那些同事，杰弗逊的优秀显得更突出，因而他能同等地对待别人。相反汉密尔顿则老是想象出那种他实际上感觉不到的优越感，这使其显得就像那种上错了学校的英国绅士，撇开了他的苏格兰血统不说。

这一点可能也是有些牧师对杰弗逊不欢迎的原因。他们一直称他为无神论者、异教徒和一切正统宗教的敌人。上述第三种指责也许是对的，但杰弗逊绝不是头两人。他从不喜欢专横的暴政，不管其来自左派、右派抑或是中间派，如他曾不肯接受那种"完备的政府"，希望将官方对公民私人生活的介入减到最低限度。他把人与其对神的信仰之间的关系视为纯粹其个人与神的发明者之间的私人事件。比起那些带善良意图的言辞他更相信人的实际行为。他不止一次地说起，一个人是否为真正的基督徒由其行为决定，而不是他礼拜天去教堂时所带的《圣经》的大小或是念祷文时是否虔诚。杰弗逊极不喜欢、不信任人们之间的讨论。"没有人会因为讨论而改变他的意见，"他常说，"人们通过阅读、消化、思考，可能改变自己的观点，但讨论则是浪费时间，因为他们无法说服另外一个刚巧持不同看法的人。"

他憎恶宗教争论。他与万能之主的关系是那样简单，当时几乎没有人能模仿或理解。他宣称，我们应该直面上帝，同他交谈，如同绅士之间的谈话一样，这在18世纪中期很难为牧师和俗人们接受，更不用说在那些当时整体教育水平同现在的南方一样低的地区了。

1823年，80岁的杰弗逊决定一劳永逸地描述一下他对宗教的态度和定义。在那之前他从未回答过那些针对他的永无休止的侮辱和中伤，因为他拒绝参加当时被称为"圣事"的礼拜式。但到如今，意识到他的日子已屈指可数了，他用不到一百个字对自己的信条作了总结：

"我是一个基督徒，"他写道，"就因为基督要求每个人都跟随他。我诚挚地爱着他的信条而不是别的。我把人的一切优点归功于主，相信这也是他所要求的一切。"为了使他的儿孙们完全成为耶稣所要求的样子，他把《圣经·新约全书》里所有关于伦理道德的教义都选进了《杰弗逊圣经》里，也许你有幸曾见过这本书。

这些故事无疑是很有趣的，但是我们该拿什么来招待他则没有直接关联。几个月前我曾料想到可以有幸请他来做客，就写信给一位老朋友，她是杰弗逊的姐姐玛莎的后代，玛莎的丈夫达布尼·卡尔是杰弗逊的密友。我的这位朋友不仅从她的堂祖父那继承了一把可爱的且很适合我的身材的安乐椅——我和杰弗逊都是6英尺2英寸高——而且还继承了她的意志、冷静和智慧。她告诉我她的堂祖父最可能喜欢的食谱，其中一道是烤蛋奶粟米软糕，我们曾用它招待过许多贵客，其菜谱是：

一杯黄面粉

一夸脱牛奶

两个鸡蛋

四分之三菜匙盐

一满餐匙黄油

把牛奶倒进烧热的汽锅里，滚烫以后将其他固体原料均匀地撒进去，不停地搅拌，直到汤变浓。烧一个小时，然后拌匀鸡蛋和黄油放进去，用烤盘放在烤箱里，400℃烤30分钟或待其变成深黄色。

宴会上只有烤蛋奶粟米软糕当然是不够的。我得弄些更像样的东西。我们得看一看米德尔堡有没有人会做鸡蛋饼，荷兰的鸡蛋饼比美国的更小巧和美味，我想我们可以在正餐过几个小时后在11点左右给杰弗逊先生上热鸡蛋饼加糖和桂肉，这样会使他有宾至如归、仿佛又回到弗吉尼亚的感觉。我让吉米去米德尔堡的阿布迪打听一下是否可找到一位烤鸡蛋饼的厨师。同时我整个上午泡在乔的厨房里看她做果仁平口鲫，并设法想出烤蛋奶粟米软糕的衬盘。

杰弗逊一直崇尚便宜的大众化的烹饪原料，所以我想可以用卡美拉尼汤来开味，里面加上通心粉和帕尔马干酪，然后来一份鲑鱼排，我们得要些上等白葡萄酒来配鲑鱼，当然在米德尔堡可以找到。和鲑鱼片一起，乔可以上些半熟的荷兰土豆。我想用鸭做耐食块片。菜名叫烤肉，用钎子穿起鸭子直接放在火上烤，我觉得这是做鸭子的最好办法。乔可以在鸭子里加上栗子、蘑菇和橄榄，杰弗逊最喜欢的水果之一就是橄榄。

和鸭子一起，我们吃烤蛋奶粟米软糕而不吃土豆（正宗荷兰人从汤到饭后甜点的每道菜都配土豆），然后是用法国清淡龙蒿醋做调味油的生菜，每人一个煮透的鸡蛋，并用韭菜代替常用的洋葱。

我定了加有波尔图葡萄酒的热意大利蛋黄酱做饭后甜点，不太腻，正合杰弗逊喜欢清淡食物的味口。饭后我们给前总统上一杯斯莱姆普，而不是威士忌或葡萄酒，过去他在欧洲低地国家为他帮助建立起来的年轻的共和国寻求那些急需的财政援助时一定喝过不少这种饮料。

我年少时，斯莱姆普还是一种冬天里很流行的饮料。寒冷的夜晚我们常整晚杯不离手，尤其是出去滑冰时更喜欢喝它。冰封的雪地上搭有很多斯莱姆普帐篷，上面猎猎地飘着荷兰国旗，我们在里面成桶成桶地灌着这种饮料，因为它安全，对人没有害处。

在现代烹饪书上，我找不到斯莱姆普配方，于是我就去请教露西。关于我们前辈的烹调方法，露西可称得上是一个取之不尽的源泉。她让我等一会儿，很快就从起居室里给我找来了斯莱姆普的配方，她记得在她祖母的祖母的祖母写于1746年的菜谱上见过这配方，在那个年代所有了不起的妇女都被认为同时也是了不起的厨师。露西把它复印了一份给我，上面写着：

两夸脱牛奶

一捻橘黄粉

一满餐匙茶

8个丁香

3英寸长的肉桂枝

一捻豆蔻皮

六分之一磅糖

两餐匙面粉

把所有香料和茶放在一个通常茶袋大小的袋里，把袋放在牛奶里并慢慢煮，不时用两把叉子挤压袋子，以压出香料和茶的汁。大约半小时后加入面粉和糖，然后一起煨5分钟，用茶杯上给客人。

当然，杰弗逊可能会非常不喜欢这种调制，但他无疑会有兴趣把这种饮料介绍给他的那些弗吉尼亚邻居，以使他们戒绝那些危险的饮品。他用他的整个后半生来寻找这种替代物，恐怕到现在还未找到。

如果你要招待像托马斯·杰弗逊这样有广泛兴趣的客人，音乐的安排也必须仔细选择。我们的客人曾是一个出色的小提琴手，直到那次从马背上摔下来而使他的一只胳膊永远僵直。即使这样他也从未停止过演奏，从未放弃对音乐的兴趣。他订阅在伦敦和巴黎出版的最好的乐曲，总能知道关于提琴和钢琴的最新发展。

可对过去的音乐他知道多少呢？他是否知道巴赫和亨德尔？还有那些17世纪的意大利人？我想他可能是知道的，我便让海因以巴赫的弥撒曲《耶稣，我的欢乐》开始我们的晚会，继之以亨德尔的《水上音乐》的头两乐章，然后是卡尔·冯·迪特斯多夫的第六大调弦乐四重奏乐章和海顿的选自《创造世界》的"天堂的诉说"。

可是据我所知他不可能知道很多关于管弦乐的东西。即使到今天，那些在世界上最伟大的国家的首都当政的人依然认为没有必要去支持一个交响乐队，而把这种事情留给人们自己去处理。所以我想接下来安排一些简单的曲子也许会更好，如巴赫的意大利协奏曲，d大调触拨曲第一部分，海顿的升音c小调小步舞曲以及卡斯塔内塔演奏的巴赫的半音幻想曲和她自己的收于"欢乐钢琴"的三支短曲，她不久前刚把它们寄给我。

如果可能，我还想让我们的客人谈谈音乐作为公共福利的话题。据我所知，他是唯一一个将音乐看得比圣歌或"我曾当过铁路工人"等诸如此类的事情更高的总统。能听听他关于这话题的看法一定会非常有趣。

我并不期望杰弗逊先生会以热烈壮观的场面来我们这儿，我希望他骑马来，事实上也正是这样，他是骑着一匹漂亮的弗吉尼亚母马来的，到达后还仔细地检查了他的马。

"雪太厚了，"他解释说，"它滑倒了好几次。但我想它还不至于受伤。另外，我注意到你已给我准备了马童来照看它。"（我事先已让本地租马处的马夫7点钟到弗里茨那儿。）"你想得真周到。可你怎么知道我会骑马来呢？"

"我记得1801年3月4日。"我回答说。

"哦，我就职典礼上的那个可笑的故事！事实上我也不是像人们说的那样骑马去的，我是走路去的。这是最安全的方式。当然也可以坐我的马车去，但想到宾夕法尼亚泥泞的林荫道，我看步行去是最聪明的选择。而且我也需要些运动，后来更是如此，作为合众国的总统是一项非常辛苦的工作，你永远无法控制自己的时间。你刚打算出去呼吸点新鲜空气，某个讨厌鬼闯了进来，你还不能不见他。他保证只占用你5分钟宝贵的时间，但事实上他却待了5个小时。最后你并不会比他来之前更聪明，但你失去呼吸新鲜的空气的机会了。你能保证他们知道怎样照看我的马吗？我非常珍爱它。"

"亲爱的先生，这些人照看和爱护马已有300年了，所以您真不用担心。现在请您进来吧，天很冷，骑了这么远的路您一定很累了。"

伊拉斯谟和弗里茨一家正等着我们，受上星期聚会的鼓舞，我们冒昧地邀请了露西和吉米，我知道了吉米一定会吸引住我们的前总统，因为她天才的想象力和对真理的热爱，也因为那些实用的常识是她最优秀的品质；而露西身上则闪烁着18世纪的历史印迹，这会使他想起那些在他一生中都聚在他周围的迷人的女人们。而且露西与他的至爱玛莎有某种相似之处（我这么认为）。这点我完全猜对了，我们在餐桌旁坐下之前他温柔地拉着她的手说："有幸能整个晚上坐在小姐旁边真让我高兴，你让我想起一个对我来说比生命更重要的人，因为你有玛莎般的微笑。你的祖先里有没有来自韦兰家族的人？"

"非常遗憾，"露西答道，"我的家族不是荷兰人就是法国人。我的血管里没有一滴英国血。"

"如果是那样，我真是太幸运了！"他以极其优美而文雅的动作给她让座，这让人不难理解低俗的亚当斯家族成员对其深深的厌恶及对他带有所谓"贵族习气"的指责。

作为都是有一定社会地位的人，这位蒙蒂塞洛的主人与那位来自昆西的政客亚当斯却从来都无法沟通。虽说他们常能抛开个人之间的私怨来一起为共和国的总的利益而工作，但诸如彼此邀请参加宴会之类的事是绝对被排除在考虑以外的。

乔的泽兰服饰引起客人的极大兴趣。他问露西怎么做这种衣服。

"要用38个别针才可以别出这种样子来。"露西告诉他。

"38个别针！每天早上别一次！您不觉得很浪费时间，也很不方便吗？"

"没比这更不方便的了。"露西同意道。

"那为什么女人们还继续穿这种衣服呢？"

"我想阁下知道为什么。"露西回答说。

"小姐可以叫我杰弗逊先生。"

"我知道您会允许我这样称呼您，先生，可我自己不允许。"

"这我就不懂了，为什么不可以呢？"

"阁下看见那边刻在墙上的伦勃朗像了吗？"

"看见了，小姐。"

"如果用纸板做画框的话会是什么样的呢？"

"恐怕不太好，我觉得它就应该用现在的这种画框。"

"这样阁下就已回答了刚才的那个问题，"露西接着说，"我那样称呼您正如为您准备的适合您的画框，这也是今天小姐们还穿着这种不太适用的衣服的原因。"

"可她们穿得非常可爱。小姐正是在向我暗示这一点吧？"

"阁下像读一本书那样洞察到我的心思。"

"一本非常可爱的书，露西小姐，而且还有恰到好处的包装。"

"谢谢您，托马斯先生。"

"祝你健康，露西小姐。"

"谢谢，托马斯先生，也祝您健康。"

当然不仅是露西让杰弗逊有宾至如归的感觉。他也非常高兴能认识伊拉斯谟，他的《谈话录》和《愚人颂》杰弗逊在大学时曾读过。和吉米他们则热烈地谈论起公制的问题，最后他们两个都完全同意，美国在法国大革命后没有及时采用公制而是继续坚持英国那套老的笨重的方法是犯了个大错误。杰弗逊认为，当初公制是由革命党人发明的，这已足以使它不能被人们接受，因为那些所谓真正的爱国者日夜诅咒巴黎那些缺德的弑君者能很快垮台。

我们这位《独立宣言》的起草人具有极敏锐的观察力，这使他成了我们最理想的客人。他马上就注意到了汤里面放的通心粉，由此我们又谈到如何给贫穷阶层提供足够的食品，特别是在那些落后的边境地区，那些地方的食品总是单调得让人不可忍受。

吃到作为鸭子填料的橄榄他就开始讲他在弗吉尼亚的庄园里种橄榄树

的故事。吃到蘑菇他则为多数人在饮食上的保守态度感到惋惜，他们不吃许多种谷物和水果，其实只要他们能克服某些愚蠢的偏见的话他们会发现这些食品其实非常棒。

"比如说大米，"他说，"它有一种精妙的食物价值。我一生都爱吃大米。它能生长在波河河谷，也就应该能在弗吉尼亚、佐治亚和肯塔基生长。但我们的人们不想吃大米，他们都宁愿饿死也不愿吃它。再如法国苣荬菜，我把它引进国内以代替那些在我们热带气候里长得不太好的蔬菜，结果却让人失望。我尽力让每个农场主都在他们的庄园里种点苣荬菜，可他们都拒绝了。'生而自由的美国人可不要那些洋饲料'！"

"还有硬花甘蓝——一种极好的花菜变种。我在蒙蒂塞洛种了一些，可我的邻居们从来不想动它。而通心粉在意大利则是那些家庭人口很多而又没钱买别的东西的家庭的主要食品。可是即使在我生活过的最贫困的日子里也没有一个邻居愿吃它。再想想我们其实可以种很多葡萄的，我认为葡萄酒应是生活中不可缺少的组成部分，也是一剂很好的威士忌毒品的解药，可恨的威士忌所杀死的年轻人比我们经历的任何一次战争都要多。我常常带邻居去参观我家的葡萄园，然而他们回去又去种其他的东西了。

"最后，我也一直努力介绍一种实用而方便的民主形式。它由所有人的平等权力组成，任何人都不得享有特权。如果把这一原则用在我们的土地上则再理想不过了，我坚信如果每个人都能得到一块土地，我们一定能让一个完美的民主形式工作起来，因为这是所有民主形式能正常工作的唯一基石。给每个男人和女人一块属于他们自己的土地，也就等于给他们灌输了一种对社会的责任感。

"瞧瞧英国和法国的那些大城市！我在欧洲时每个大城市都到过。我并不是匆匆忙忙，在许多城市我都待了相当长的时间，去仔细地研究它们。百分之九十的市民都一无所有，过去不曾有过任何东西，将来也不会拥有属于自己的东西。所以他们为什么要去关心另外百分之十的人的事情呢？但一旦你给他们几英亩——或者更少——他们能称之为自己的土地，他们就会热切地为它而工作，为它而奋斗，如有必要甚至于为它去死。我尽力去让议会的朋友们也接受这种看法，可是每当我老调重弹地提及此事时，他们总是挂起一副含糊的笑脸对我说他们有个重要的约会，请我原谅他们得走了。下次再见到他们时已是一个星期过去了。"

讲到这儿，杰弗逊先生突然停了下来，他转向露西说："亲爱的小姐，恐怕我的谈话会使你厌烦了，就像它曾折磨过可怜的亚历山大·汉密尔顿先生一样。"

露西冲他微笑着说："我想阁下刚告诉过我您不喜欢汉密尔顿先生。或者是昨天晚上在主人借给我的那本书上督导的？"

"你又赢了，小姐。请原谅我的笨拙，你知道我的嘴近来疏于练习，已好久没有打那有趣的嘴仗了。现在，如果你允许的话，我提议来干一杯。"

我起身对他说："如果先生允许的话，应该是我而不是您来提议干一杯。实际上我觉得谁的提议都无关紧要，这一杯都具有相同的意义。"

我举起酒杯道："为了您所缔造的那个国家，先生，但愿有一天它会变成您所希望建立的理想国度——作为一盏公正和公平的明灯指引人类到达更美好的明天。"

杰弗逊向我轻轻地点头致谢。短暂的沉默后他已找到了新的灵感。"谢谢你亲切的话语，我亲爱的公民，"他也举起自己的酒杯，"为了你们的祖国，我对她怀有崇高的敬意，她教给我很多，没有能比作为你们可爱的共和国的公民更幸运的事了。事实上我从心底里感谢你。你刚才提到希望我帮助缔造的那个国家有朝一日能成为公正和正义的指路灯。我注意到你在这儿用了虚拟式。请让我把它稍改一下，让我们坚信那个希望事实上一定会实现，直到永远。到此为止了，这儿我又好像是在议会演说似的。如你们所知，我是不赞成做长篇演讲的。它们只是在浪费时间，并不解决任何问题。所以让我们用余下的时间来记住：上帝给了我们这个世界，我们可以表达在这世界上能够愉快的愿望——我们所有的人！

"我刚到时听你说给我准备了特别的音乐，如果各位女士不反对的话，能让我一饱耳福吗？"

冬夜很深了

以往的宴会我们都以音乐开始，以打破开场的冰冷气氛，让客人轻松下来。但今晚的谈话从一开始就那么生动，我便让海因先关了他的留声机。现在我让他打开留声机，先放的是亨德尔的《水上音乐》，乔同时递上鸡蛋饼。鸡蛋饼是一个小男孩骑自行车送来的，经过长途的雪地跋涉后那可怜的少年都快冻翻了，我们让少年在厨房里暖和一下，并让他也享受一份鸡蛋饼，虽说他每天给别人送饼，却几乎没尝过他师傅的手艺。剩下的时间里我们则惬意而满足地坐在温暖的房间里，各人都自由自在地将椅子向后挪一挪以选择最舒适的姿势，连将椅子挪到火跟前的举手之劳都免除了。

就这样我们度过了最后一个小时，海因接下来放了巴赫的《调到平均律的钢琴》。杰弗逊听得很投入。"多美妙的曲子，"他说，"我还从未听过它们，真不知道我怎么就没注意到有它们。第一首是那么简洁，我都想为它伴奏了。"

"如您不介意的话，您现在就可以这样做。"我说。

"可你只有一架钢琴，我不会弹。我曾是个提琴手，但从我的一只胳膊坏了后也就不能再有所作为了。不管怎样，今天太像过去的日子了，我想知道在你这儿为了幸福和美妙的生活而应有尽有的漂亮房子里是否也有一把提琴？"

"我有两把。"

"太好了！能让我看看它们都如何吗？"

我把小提琴从箱子里拿出来。我把它们带来了，因为我预感到——或者说是期望——会有这样的事情发生。杰弗逊先生非常喜欢那把阿马蒂小提琴，那是把较为老的提琴，琴体比后来的要小一些。它的音色算不上强劲，但却迷人，就像一个未受都市尘埃和机械的音阶训练破坏的意大

托马斯·杰弗逊试我
最好的那把提琴

利歌手。

"这把最适合我不过了，好久没练习过，恐怕我的指头已如石头般僵硬了。"

他的手指比想象得要灵活得多，他以极大的热情想证明他究竟忘了多少，还记得多少。当留声机停下后，他还忘情于他自己的热情之中，继续拉了几首他还记得的简单的儿童曲子，其中有许多我也记得，我便拿起另一把提琴——一把适中的塞拉菲诺小提琴——来演奏第二部分（我尽最大努力把它拉好），如果没有11点半的电话的话，我们的小音乐会也许会持续到聚会结束。

这么晚打电话来肯定有什么不寻常的事，邮局电话员一般10点就上床了，除非有什么紧急事情他是不会再爬起来接电话的，因此我们所有人都预感到什么不平常的事发生了。在这种情况下和往常一样，我们都屏住气，装作什么也没听，实际上则尽力抓住每句话。

电话像是从阿姆斯特丹打来的，显然是弗里茨的伙伴。他们的谈话不长，然后弗里茨告诉我们，他的伙伴那天下午从交易所得到消息说希特勒马上会成为帝国领袖，他正等着老兴登堡有所康复能为他举行一个必要的仪式。

杰弗逊感觉到了我们的惊愕，他小心地问我们发生了什么不幸，是否是一个朋友或亲戚过世了？

"不是，先生，"我告诉他，"不是亲戚，而是个很亲近的朋友。她还活着，但只有上帝知道她还能和我们一起待多久。"

接下来我犹豫了，我是否可以告诉他这个朋友的名字叫自由？或者我应该避免让他悲伤？为了实现自由这一理想，他用毕生的精力来英勇地战斗，现在它却在各国都处在被破碎的边缘，如果我们不让自由之火燃得更亮，烧得更远，它就会被毁灭。

我看了一眼露西，她心领神会。"请阁下继续拉刚才被打断的那首曲子好吗？"她问道。同样善解人意的乔总知道什么时候该做些什么，为了尽力减轻杰弗逊对什么非常不幸的事情的怀疑，她建议再来点鸡蛋饼，可鸡蛋饼已没有了，那饥饿的小男孩已吃光了它，在厨房里睡着了。可我们还有很多斯莱姆普，这种热饮让杰弗逊想起他在欧洲低地国家为革命筹措资金时度过的日子，他给我们讲了许多有趣的关于我们的同龄人的祖父之祖父的故事，在这些同龄人中，我们还可以看到他们祖先的性格。

快要结束了。费勒的房子都是在通风器发明以前建成的，房子里的空气慢慢变得很闷了，于是我们打开门。外面是清凉而美丽的夜晚，群星闪耀下我们可爱的村庄显得更安逸宁静。午夜前，托马斯·杰弗逊再次拿起我的阿马蒂。

"你们也许碰巧记得这首曲子吧！"他给我们拉那首古老的《迷醉于你的眼神》，我也记得它，再一次拉了第二部分，露西和弗里茨哼唱着歌词。

午夜12点前几分钟塔顶的钟声奏响了瓦莱利乌斯的《感恩颂》。提琴声越来越柔弱，而钟声越来越强。就这样，托马斯·杰弗逊再次走出我们的生活。钟声敲响了12下，我们被孤独地留给了我们的思绪。人类最崇高的自由战士走了，一个可怕的暴虐之幽灵很快降临于人世。

四天后我便上路去美国，刚好五周后又回到费勒。什么也没发生，表面上什么也没改变。唯一的变化也许就在于弗里茨和我谁也没有情绪继续举行我们的宴会了。至少现在不，将来什么时候也许会，可现在不。

"音乐已离开了我们的生活。"有一天我们坐在乔的厨房里喝完杰弗逊走后剩下的最后几滴白兰地时乔很适时地这样描述。

"不过请不要哭泣，"她接着说，"记得我们的祖先在艰难时刻怎么说的吗？不要绝望，不管怎样，千万别绝望。为了健康，为了我们彼此的爱，为了希望，请干一杯。"

吉米、露西、弗里茨和我互相望着，一起重复着乔的祈祷："为了希望！"